Vivir es un asunto urgente

Vivir es un asunto urgente

Dr. Mario Alonso Puig

«No son las montañas las
que hemos de conquistar,
sino a nosotros mismos».

Sir Edmund Hillary

Papel certificado por el Forest Stewardship Council®

Segunda edición, actualizada: octubre de 2025

© 2007, 2025, Mario Alonso Puig
© 2015, 2025, Penguin Random House Grupo Editorial, S.A.U.
Travessera de Gràcia, 47-49. 08021 Barcelona

Penguin Random House Grupo Editorial apoya la protección de la propiedad intelectual. La propiedad intelectual estimula la creatividad, defiende la diversidad en el ámbito de las ideas y el conocimiento, promueve la libre expresión y favorece una cultura viva. Gracias por comprar una edición autorizada de este libro y por respetar las leyes de propiedad intelectual al no reproducir ni distribuir ninguna parte de esta obra por ningún medio sin permiso. Al hacerlo está respaldando a los autores y permitiendo que PRHGE continúe publicando libros para todos los lectores. Ninguna parte de este libro puede ser utilizada o reproducida con el propósito de entrenar tecnologías o sistemas de inteligencia artificial. PRHGE se reserva expresamente la reproducción, la extracción y el uso de esta obra y de cualquiera de sus elementos para fines de minería de textos y datos y el uso a medios de lectura mecánica u otros medios que resulten adecuados (art. 67.3 del Real Decreto Ley 24/2021). Diríjase a CEDRO (Centro Español de Derechos Reprográficos, http://www.cedro.org) si necesita reproducir algún fragmento de esta obra.
En caso de necesidad, contacte con: seguridadproductos@penguinrandomhouse.com

Printed in Spain - Impreso en España

ISBN: 978-84-03-52240-4
Depósito legal: B-14.411-2025

Impreso en Black Print CPI Ibérica
Sant Andreu de la Barca (Barcelona)

AG 2 2 4 0 4

Quiero dedicar este libro a todas aquellas personas que por atreverse a salir de su zona de confort han descubierto o van a descubrir una nueva forma de ver el mundo, a los demás y a ellos mismos. Solo el que es capaz de salirse de sí mismo es capaz de reencontrarse.

Índice

Prólogo
¿Qué significa ser humano en la era de la IA?

Hoy muchas personas en nuestra sociedad miran con una mezcla de ilusión, respeto e incluso temor los grandes avances que están teniendo lugar en el campo de la Inteligencia Artificial Generativa. Conscientes en cierta medida de los cambios que se están produciendo y de los que sin duda vendrán, uno se pregunta: ¿qué significa ser humano en la era de la IA? Quisiera dar a los lectores una posible respuesta a esta pregunta que, de una u otra manera, nos interpela a todos.

A veces nos preguntamos exclusivamente por las consecuencias que va a tener la IA en nuestro trabajo, y quizá no tanto en las que va a tener en dimensiones más profundas de nuestra existencia.

Durante mucho tiempo, las mal llamadas «soft skills» fueron poco valoradas cuando se comparaban con competencias más científicas y técnicas y, por supuesto, salían perdiendo. Hoy, ante el desarrollo tecnológico tan extraordinario que estamos viviendo, lo que para mí siempre han sido «Human Skills», esto es «Habilidades Humanas», adquieren y adquirirán una relevancia cada vez mayor, ya que no es lo mismo lo fabricado, la máquina, que lo creado, el ser humano. Por eso, estas reflexiones solo pretenden inspirarnos para que cuidemos lo que siempre debería haberse cuidado si queremos que la ciencia y la técnica estén al servicio del ser humano, y no al revés.

Para mí hay algo que ninguna forma de tecnología tendrá por más inteligente que la declaremos. Me refiero a consciencia, sabiduría, capacidad de amar, de tener fe, y esperanza. La razón es sencilla y todos lo vamos a entender en cuanto caigamos en la cuenta de que consciencia, sabiduría, amor, fe y esperanza no emergen de la materia, aquello que es fabricado, sino del Alma, aquello que ha sido creado. Una máquina animada por IA puede tener una gran inteligencia, pero lo que nunca tendrá es esa alma, esa consciencia que nos permite trascender este mundo material que se encuentra encerrado en unas coordenadas de tiempo y espacio, y elevarse a ese otro mundo, el mundo del Espíritu, en el que uno descubre la conexión entre todo lo existente y también que la muerte no es el final de la vida, sino el comienzo de un nuevo tipo de vida. Por eso, en estas breves reflexiones quiero proponer cómo cuidar y alimentar eso que nos hace realmente humanos.

Seres humanos y máquinas podemos coexistir perfectamente si somos conscientes de lo que nos distingue y, por supuesto, de aquello que nos complementa. ¿Quién podría decir que una prótesis de brazo «inteligente» puede ir en contra del ser humano, si le permite hacer a quien perdió su brazo humano lo que de otra manera no podría llevar a cabo? De igual manera, la IA suplirá algunas de nuestras funciones, pero lo que nunca podrá es equipararse a lo que en realidad es un ser humano. Por eso exploremos ahora esas cinco dimensiones que son tan profundamente humanas.

Si hablamos de la consciencia, nos encontraremos con afamados científicos que consideran que la consciencia es solamente una propiedad emergente de la actividad neuronal. Sin embargo, hay otros científicos de la talla de David Bohm, Albert Einstein, Carl Gustav Jung o Wolfgang Pauli que consideran que esto no es así. Si utilizamos una analogía, los primeros consideran que de la radio (el cerebro) surge la música (consciencia), mientras que los segundos creen que esa misma radio (el cerebro) es necesaria para que podamos escuchar esa música (consciencia). Sin embargo, la radio (cerebro) por sí misma no es capaz de producir la música (consciencia).

La sabiduría es aquello que nos conecta con las Leyes del Universo y nos hermana con todo lo existente. Uno encuentra esa conexión en el silencio y en la contemplación. Es así como se abre esa puerta a un mundo cognoscible e inefable. Cognoscible porque podemos experimentarlo, e inefable porque no podemos describirlo con palabras. Los grandes pintores taoístas en China, sentados frente a una cascada o ante una formación rocosa, simplemente manteniéndose en un estado de contemplación, eran capaces de percibir el fondo de las cosas, aquello que nuestros sentidos externos tienen dificultad para captar. Por eso, dichas pinturas, a pesar de haber sido hechas en tonalidades grises, transmiten tal nivel de serenidad. Es como si a esos artistas sumergidos en un proceso de contemplación se les abrieran los ojos metafísicos, unos ojos que solamente se abren cuando se aquieta la mente y así la consciencia puede ver lo que se mantenía oculto. Por eso, en esta época de explosión de la IA, hemos de buscar momentos de quietud, silencio y contemplación. Esto es algo especialmente necesario en una época como la actual, en la que hay tanta distracción y mucha menos capacidad de prestar atención.

El amor es lo que da un profundo sentido a nuestras vidas, y por eso, cuando notamos que dicho amor falta en nuestra vida, o bien lo buscamos por doquier, o intentamos apagar el clamor de su ausencia con un poco más de distracción. No hay manera de vivir desde, por y para el amor si somos incapaces de trascender nuestros egos particulares y salir al encuentro del otro. Hoy sabemos que necesitamos el amor tanto como necesitamos respirar. Aquellos pequeños macacos a los que se los privó de amor en etapas tempranas de su vida se convirtieron en monos agresivos, torpes y enfermos. Hoy sabemos asimismo que el amor alarga los telómeros, esas estructuras en los extremos de los cromosomas que predicen nuestra expectativa de vida. También sabemos que el amor favorece el funcionamiento correcto del sistema inmune que nos protege frente a agentes dañinos. El amor estimula la liberación de oxitocina, un neurotransmisor capaz de reducir la actividad de los núcleos amigdalinos, que son unas estructuras cerebrales responsables en gran medida de nuestras reacciones de miedo y de ira. El amor también cura.

La fe es la certeza de que cuando uno cree firmemente en algo porque así lo decide, pasa del juego finito, de lo que resulta razonable y predecible, a ese Juego Infinito que hace que lo que parecía imposible se haga posible. Cuántas veces hemos podido ver a lo largo de nuestras vidas cómo la fe tiene el potencial para cambiarlo todo, hasta aquello que nuestra razón analítica dice que no se puede cambiar. Vivimos en una «Tierra de Milagros» y no nos hemos dado cuenta de ello. Vivimos en un mundo de infinitas posibilidades y no lo sabemos.

La esperanza es la otra cara de la Fe. La esperanza no consiste en esperar que suceda lo que yo quiero que suceda, sino que es abrirse a que algo nuevo con un extraordinario poder sanador, manifestador y transformador pueda nacer en nuestras vidas, como nace una preciosa flor en medio de un suelo pétreo o de una carretera asfaltada.

Vivir como humanos es más que nunca un asunto urgente. De la misma manera que quien ceda todas sus funciones cognitivas a la IA descubrirá al cabo de poco tiempo que las suyas se han atrofiado, quien deje de cuidar aquello que le hace humano acabará diciendo que la IA le robó su identidad, en lugar de reconocer que lo que no se cuida, se protege y se alimenta, antes o después desaparece.

Este libro nos va a hablar de nuestra humanidad a través de una serie de relatos y vivencias. Su objetivo es despertar en nosotros ese anhelo que nunca muere. Hablo de un anhelo, no de tener más, sino de vivir de acuerdo no a quienes creemos que somos, sino a quienes realmente somos. En estas páginas pondremos en evidencia muchas de nuestras luces y, también, algunas de nuestras sombras. Si hay dos situaciones en las que ambas se manifiestan con más claridad, es en las situaciones de estrés, y asimismo cuando surgen dificultades en la comunicación. Es en esos momentos, en los que nos vemos sometidos a una presión intensa y sostenida y aparecen los conflictos entre las personas, cuando sale lo mejor y lo peor que tenemos en nuestro interior. Por eso, si queremos comprender qué es lo que nos hace humanos, hemos de profundizar en las dimensiones cognitivas, afectivas, somáticas y espirituales, que son las que hacen que nos relacionemos con lo que nos pasa de la manera en la que lo hacemos. Ojalá la conclusión que saquen los lectores de *Vivir es un asunto urgente* es que la IA por supuesto suplirá muchas de nuestras funciones e incluso las mejorará; sin embargo, nunca nos convertirá a nosotros, los seres humanos, en algo prescindible, sino que seguiremos teniendo un extraordinario valor y la capacidad de decidir acerca de nuestro futuro.

Dr. Mario Alonso Puig
Madrid, julio de 2025

Primera parte
El camino del héroe

«Sienta orgullo por hasta dónde ha llegado.
Tenga fe en hasta dónde es capaz de llegar».

1
Bienvenidos al mundo de la incertidumbre

Las personas nos solemos sentir más cómodas en cualquier entorno que podamos controlar y en el que podamos prever de antemano lo que vamos a encontrar. Algunos seres intrépidos, grandes exploradores fueron, sin embargo, un ejemplo de lo contrario y se atrevieron a poner sus pies en tierras nuevas y desconocidas. Su coraje abrió para el resto de nosotros entornos insospechados.

El mundo en el que hoy en día vivimos nos pide que también desarrollemos ese espíritu de aventura. Muchas veces la aventura no consiste en viajar a una selva o a un inmenso desierto, sino en atrevernos a explorar y a desarrollar nuestro verdadero potencial.

Joseph Campbell, el gran erudito del «camino del héroe», investigó a lo largo de su vida las grandes tradiciones y los mitos tanto de Oriente como de Occidente. En sus libros nos habla del proceso de transformación interior que se produce en el ser humano cuando al enfrentarse a sus miedos en un universo desconocido, empieza a descubrir en su interior unos recursos, fortalezas y posibilidades que jamás soñó poseer. Es como si más allá de la idea que tenemos de nosotros mismos existiera un gigante dormido que estuviera deseando despertar para mostrarnos todo lo que podemos lograr. La belleza del camino del héroe consiste en que uno aprende a verse a sí mismo desde una perspectiva completamente diferente y aprende a quererse y a valorarse de otra manera. En cierto modo nos vemos reflejados en un tipo de espejo completamente diferente y, por tanto, contemplamos otra realidad.

No existen recetas para avanzar por el camino del héroe, lo que sí existen son guías que nos pueden ayudar de una manera muy notable en nuestro propio despertar. Para poder comprender y utilizar esas orientaciones con la máxima eficiencia, precisamos conocer antes ciertos aspectos de la naturaleza humana y descubrir la forma en la que los seres vivos nos relacionamos con el mundo de la incertidumbre. Las guías han de ser sencillas, porque de lo contrario no se utilizarán a diario, y el empleo sostenido de estas será clave, porque nos va a permitir entrenarnos a fin de crecer y evolucionar.

Para poder desarrollar y ejercitar esas orientaciones necesitamos conocer en profundidad algunos aspectos de nuestra mente y de la manera en la que se comporta en ciertos entornos. Por todo ello, las páginas que siguen están enfocadas en este sentido.

Muchos de nosotros hemos experimentado en más de una ocasión que cuando el corazón late muy deprisa, nuestro cerebro no funciona bien. Entender con hondura la relación existente entre los procesos mentales y el mundo emocional va a ser ahora nuestro objetivo.

En primer lugar necesitamos establecer una relación diferente con la palabra estrés porque no pocas veces se utiliza de una manera incorrecta al asociarla de entrada con algo negativo y por tanto indeseable. Aunque lo que voy a decir puede llamar la atención a más de un lector, existe mucha documentación en el ámbito de la investigación científica que corrobora que si los seres humanos careciéramos de los mecanismos de estrés, no podríamos sobrevivir durante mucho tiempo. Una cebra pasta tranquilamente en la llanura africana hasta que el viento cambia y huele a una leona. En ese instante son los mecanismos de estrés los que pueden salvar la vida de la cebra. Por eso, cuando leo frases como «Elimine el estrés de su vida», no puedo menos que sorprenderme, ya que suprimir el estrés de la vida implica deshacerse de un mecanismo esencial para la supervivencia. El estrés es consustancial a la vida y, por tanto, eliminarlo lleva antes o después a suprimir la vida.

Deshacerse de una idea fija no es sencillo y por eso necesitamos mantener la mente abierta, porque se nos invita a revisar algunos supuestos que tal vez durante mucho tiempo hayamos dado por ciertos. Esta revisión no se facilita en el contexto social en el que nos movemos al ser cada vez más numerosas las noticias que nos alarman sobre la manera en la que están subiendo los niveles de estrés en la población mundial y sus implicaciones sobre todo en lo que se refiere a la salud mental. Da la sensación de que dentro de poco, si no hacemos entre todos algo al respecto, los especialistas más solicitados serán los psiquiatras.

¿Dónde está, pues, el punto medio?, ¿dónde podemos encontrar el equilibrio? Creo que la respuesta solo la podemos encontrar si llegamos a comprender con hondura que la clave no es eliminar el estrés, sino gestionarlo adecuadamente, y que para poder hacerlo, es importante conocer su naturaleza, sus causas, sus orígenes y aquellas consecuencias que se derivan de no lograrlo. Cuando algo nos queda claro de verdad y vemos sus implicaciones en nuestra vida, nos sentimos obligados a emprender ciertas acciones en nuestras vidas a fin de adquirir mejores resultados de los que hasta ahora habíamos obtenido. Una de las maneras más efectivas de generar cambios en la conducta es conocer las consecuencias de no hacerlos. Por eso vamos a exponer y revisar con gran detalle y de una manera que sea a la vez sencilla y profunda los efectos de una gestión inadecuada del estrés. Si consiguiéramos de verdad darnos cuenta de hacia dónde nos lleva el no tomar un papel más activo en ciertas cosas, tengo pocas dudas de que sin vacilación alguna tomaríamos ese papel.

En una ocasión le preguntaron a Albert Einstein sobre lo que él haría si le dijeran que la Tierra iba a ser destruida en sesenta segundos. Él contestó que emplearía los primeros cincuenta y nueve segundos en hacerse una pregunta y el segundo restante en contestarla. Tal vez el mensaje que nos quiso transmitir fue que la clave no está en el tipo de respuestas que se obtienen, sino en el tipo de cuestiones que se formulan. Las preguntas abren en nuestras conciencias espacios nuevos de exploración que ni siquiera habríamos imaginado.

Siguiendo las sugerencias de Einstein, en lugar de empezar a dar respuestas a un mundo estresado, vamos a hacernos una serie de preguntas para descubrir lo que muchas veces permanece velado a nuestros ojos.

¿Cuál es la naturaleza del estrés?, ¿qué es?, ¿cómo puede describirse?, ¿a qué se parece?

¿Qué es lo que desencadena el estrés, cuáles son sus causas?

¿Qué es aquello que nos hace especialmente vulnerables a que ciertos elementos actúen como causas que desencadenan en nosotros una reacción de estrés?

¿Cuáles son las consecuencias del estrés? ¿Cómo afectan a nuestra salud, a nuestros niveles de energía y a nuestra eficiencia personal?

Hechas las preguntas, basta que una persona conozca las respuestas para que los niveles de estrés puedan gestionarse, ya de entrada, de una manera mucho más adecuada. La razón es sencilla, pero no simple. Cuando sentimos o experimentamos emociones y no somos capaces de verbalizarlas, no las podemos expresar con palabras, no las podemos describir por medio del lenguaje, resulta mucho más difícil poder gestionarlas. Cuando una persona se identifica con lo que otra persona describe, dice sorprendida: «Eso es justo lo que me pasa a mí».

Entonces curiosamente esa persona empieza a sentirse mejor. La explicación a todo esto no parece ser otra que para poder verbalizar algo, para poder articularlo, necesitamos el hemisferio izquierdo del cerebro, el lugar donde se encuentran los centros del lenguaje. Este, además, es la vía de las emociones positivas, es decir, que al filtrar la experiencia emocional y describirla por medio del lenguaje elimina mucha de la negatividad que esa emocionalidad pudiera contener. Por eso, las personas que expresan sus emociones en un diario personal suelen gestionar mucho mejor su equilibrio emocional y además, según algunos estudios, pudiera ser que incluso aumentaran su longevidad y redujeran la posibilidad de padecer una enfermedad de Alzheimer.

Por todo ello, adentrarnos en la respuesta a las cuestiones anteriormente formuladas nos va a ser de una imprescindible ayuda para conseguir una capacidad en la gestión del estrés muy superior a la que habitualmente se tiene.

2
El equilibrio necesario

El estrés (del inglés *stress*, 'tensión') es una reacción fisiológica del organismo. En ella entran en juego diversos mecanismos de defensa para afrontar una situación que se percibe como amenazante o de demanda incrementada. Esta reacción, que ponemos en marcha frente a lo que se denomina un agente estresor, se acompaña de cambios anatómicos, fisiológicos, psicológicos y afectivos.

El estrés es una reacción natural y necesaria para la supervivencia, a pesar de lo cual hoy en día tendemos a confundirlo con una enfermedad. A veces y como veremos más adelante, estos cambios favorecen el hacer frente con éxito a muchos desafíos con los que podemos encontrarnos a lo largo de nuestra vida. En otras ocasiones ocurre todo lo contrario y la propia reacción de estrés se convierte en un problema en sí mismo, de forma que genera un daño anatómico, fisiológico, psicológico y afectivo. De hecho, y como ya conocemos en Medicina, un porcentaje muy alto de las consultas a médicos generales está directamente relacionado con los efectos dañinos del estrés. El asma, las enfermedades autoinmunes, la hipertensión arterial, los trastornos digestivos, la pérdida de neuronas cerebrales, el envejecimiento prematuro y los cuadros de ansiedad y depresión pueden ser la consecuencia negativa de esta reacción de estrés. Sin embargo, no veamos el estrés como «el malo de la película», porque es en esos momentos de especial lucidez, de concentración extrema o de enorme fuerza muscular cuando se han manifestado algunos de los efectos más beneficiosos de la reacción de estrés.

Donde hay confusión hay que poner distinción y eso es lo que vamos a hacer nosotros, profundizar en la comprensión de esta reacción de estrés para aprovechar al máximo sus beneficios y evitar en lo posible sus efectos perjudiciales.

Lo primero que tenemos que hacer es mencionar a las dos personas que más relevancia han tenido en el estudio de la reacción de *stress*. Estos dos científicos son los doctores Hans Selye y Walter Cannon.

Hans Selye (1907-1982), de origen austrohúngaro, era hijo de un cirujano austriaco y, siguiendo los pasos de su padre, estudió Medicina en la Universidad de Praga. Gracias a una beca que obtuvo para investigar en Canadá, hizo una serie de descubrimientos sorprendentes, en relación a lo que él más tarde denominaría el síndrome general de adaptación. Selye posteriormente se nacionalizó canadiense y acabó siendo el director del Instituto de Medicina y Cirugía Experimental de la Universidad de Montreal.

Walter Cannon (1871-1945) fue un fisiólogo estadounidense, profesor de la Universidad de Harvard y la persona que acuñó la palabra estrés. Uno de los temas que más le interesó fue la psicobiología de la emoción. Esta rama científica intenta explicar cómo se producen las emociones en el ser humano y el significado que estas tienen. Dedicaremos gran parte de este libro precisamente a estudiar la psicobiología de la emoción. Para Walter Cannon los estímulos emocionales generan dos efectos independientes: provocan tanto un sentimiento en el cerebro como una expresión corporal a través del llamado sistema nervioso vegetativo (simpático y parasimpático) y del sistema nervioso somático, que es el que mueve nuestra musculatura.

Walter Cannon hizo además unas aportaciones de gran valor en el campo de la fisiología. A él se le debe el término homeostasis para referirse a la estabilidad del medio interno. Por eso, el estrés homeostásico sería la reacción del organismo para mantener estable el medio interno cuando algún agente externo o interno tiende a desestabilizarlo.

La misión fundamental de nuestro cerebro es la de proteger la vida. Por eso nuestra tendencia natural es buscar una potencial amenaza en vez de una potencial oportunidad. Dependiendo del perfil emocional que una persona tenga, esta inclinación será más o menos marcada. A nuestro cerebro no le interesa tanto decirnos lo que hay «ahí fuera» sino lo que para nosotros significa eso que hay «ahí fuera». Si vemos delante de nosotros una culebra, lo que hay es un peligro. Sin embargo, para un águila culebrera, lo que hay es una suculenta oportunidad para alimentarse. Esto tiene una gran importancia porque muestra la relevancia que tiene para nosotros el significado que damos a las cosas. En los humanos, en los que la inteligencia no tiene simplemente una diferencia de grado con los animales sino una diferencia sustancial, esta capacidad de interpretación puede también jugarnos muy malas pasadas. Nosotros, un día que estamos tensos, podemos interpretar una mirada neutra como una amenaza o un comentario banal como un ataque personal. En ambos casos, pondremos en marcha una reacción de estrés que puede ser muy dañina para nuestro organismo y para la relación con otras personas. En su magnífico libro *Por qué las cebras no tienen úlceras*, Robert Sapolski, profesor de la Universidad de Stanford, relata la manera tan dañina en la que el uso perverso de nuestra imaginación puede hacer que veamos peligros donde no los hay. Además, este uso inadecuado de nuestra imaginación y de nuestro intelecto evita que después de hacer frente a una situación estresante, nos olvidemos de ella. La cebra no desarrolla úlceras de estómago porque después de haber escapado del feroz ataque de una leona, no vive angustiada; no piensa cuándo será el próximo.

No debe extrañarnos que este tipo de reacciones de estrés excesivas sean tan frecuentes entre los humanos. Nosotros, que vivimos tantas veces atrapados en nuestros egos, nos sentimos con frecuencia asustados, solos y perdidos en un mundo del que no nos vemos parte y ante un universo que muchas veces juzgamos como hostil. No olvidemos que nuestra imaginación genera pensamientos, los cuales dan lugar a sentimientos que a su vez se transforman en esos procesos fisiológicos a los que llamamos emociones. Todo esto hace que aprender a usar la imaginación de una manera más positiva sea tan beneficioso para gestionar nuestros pensamientos y nuestros estados de ánimo.

Dentro del estrés hay que distinguir dos tipos fundamentales: el homeostático y el alostático. Esta distinción se basa en el objetivo que se persigue con la reacción de estrés. En el estrés homeostático lo que se busca es que después de la interacción con el agente estresor, el organismo vuelva a la situación de partida. En el estrés alostático el objetivo es regresar a una situación distinta de la de partida. Esto no debe sorprendernos, porque a veces, frente a la variación profunda del entorno en el que nos encontramos, si después de la reacción de estrés volvemos al punto de partida (estrés homeostático), a lo mejor ni siquiera sobrevivimos.

Todo mecanismo, por eficiente que sea, puede fallar en algún momento si se le ha sometido a un trabajo demasiado intenso y prolongado. Vamos a usar una analogía con el limpiaparabrisas del coche.

Todos sabemos que para conducir con seguridad nuestro coche cuando llueve, el limpiaparabrisas tiene que ponerse en funcionamiento y limpiarnos el cristal para que podamos ver. Sin embargo, si llueve sin parar un día tras otro, durante muchas semanas, puede llegar un momento en el que el motor eléctrico del limpiaparabrisas se queme y deje de funcionar. Cuando nosotros, por ejemplo, sometemos a nuestro organismo a una serie de estímulos estresógenos constantes como puede ser un consumo excesivo y mantenido de sal o de dulces, puede llegar un momento en el que el mecanismo de estrés homeostático, que está diseñado para mantener los niveles de sal o de azúcar dentro de unas ciertas cifras, fracase. Entonces, la persona puede desarrollar una hipertensión arterial por consumo excesivo de sal o una diabetes tipo II por consumo excesivo de azúcar. Por eso, cuando alguien está sometido a un estrés crónico, uno de los problemas que pueden aparecer es que fracasen precisamente los mecanismos destinados a mantener la estabilidad del organismo.

Además del mecanismo de estrés homeostático, también existe, como ya hemos comentado, el que se conoce como mecanismo de estrés alostático.

El concepto de alostasis fue propuesto en 1988 por Sterling y Eyer para expresar un tipo de mecanismo que permitía adaptarse a ciertos cambios ambientales, modificando los parámetros internos que existían previamente en un organismo en particular. A través de este mecanismo se consigue una estabilidad como se lograba con el mecanismo homeostático. La diferencia es que ahora el tipo de estabilidad es diferente. Por eso la palabra alostático quiere decir otro tipo de estabilidad. La alostasis, por tanto, lograría una nueva estabilidad tras un proceso de cambio.

Cuando la exigencia de este tipo de adaptación es constante, se va acumulando lo que se denomina carga alostática, que es muy dañina para nuestro organismo. Imaginemos a una persona que tiene que hacer las cosas siempre de una determinada manera. De repente, se le pide que las haga de una forma completamente diferente y esto mismo se le vuelve a pedir una y otra vez, sin darle apenas tiempo a que se adapte a este nuevo sistema de hacer las cosas. Lo normal es que al cabo de un tiempo, esa persona empiece a mostrar determinadas alteraciones fisiológicas y mentales, fruto de haberle exigido un cambio constante, sin haberle dado el tiempo necesario para que se adapte.

El mecanismo alostático es esencial cuando el mecanismo homeostático no ayuda a que el individuo pueda adaptarse a ciertos agentes estresores como consecuencia de cambios ambientales. Entre los mecanismos de estrés alostático podemos destacar el aumento de la temperatura corporal que se produce cuando tenemos fiebre. La fiebre tiene como objeto destruir a los agentes infecciosos. También se pone en marcha el mecanismo alostático cuando tenemos que sobrevivir a grandes altitudes. En este caso, se activan varios procesos para aumentar la oxigenación de la sangre, la cual, como consecuencia de la altura, se ha reducido. El corazón late más deprisa, la respiración es más profunda y rápida y el riñón segrega una hormona llamada eritropoyetina que lo que hace es estimular la médula ósea para que produzca más glóbulos rojos. Los glóbulos rojos son los encargados de llevar el oxígeno a los tejidos. Estos dos casos ilustran cómo el organismo, ante los desafíos a los que se enfrenta, tiene que alterar las cifras en las que hasta ahora había mantenido ciertos patrones internos. En un caso vemos cómo altera la temperatura y en el otro, el número de glóbulos rojos de la sangre.

No todos los patrones internos pueden ser cambiados. Así por ejemplo, el pH, que es el que mide el grado de acidez o de alcalinidad de la sangre, solo puede oscilar entre unos márgenes muy estrechos. Lo mismo que los niveles de potasio en la sangre, de los que depende en gran medida la diferencia de polaridad que existe entre el interior y el exterior de la célula. Si dichos niveles suben o bajan, aunque sea muy poco, en relación con ciertos parámetros, las reacciones químicas en las células se paran y el organismo en su conjunto muere.

Tanto el estrés homeostático como el estrés alostático tienen como objetivo devolver alguno de los parámetros del medio interno a un valor que sea compatible con el correcto funcionamiento del organismo, cuando por alguna razón dicho parámetro se había alterado. Sin embargo, hay veces en que no es un único parámetro el que se ve amenazado, sino el organismo en su conjunto. Ante estas amenazas, el organismo puede tener tres tipos de conducta: el ataque, la huida o la parálisis. En el capítulo que he titulado «La sombra de la muerte» describo lo que yo mismo experimenté en la selva amazónica en una situación en la que estuve a punto de perder la vida.

Vamos a utilizar una analogía militar para explicar ciertos aspectos del funcionamiento de nuestro organismo cuando hacemos frente a una situación de estrés. Imaginemos que en un determinado país, el suyo, su ejército ha entrado en combate contra unos invasores que le han atacado por sorpresa. Este ejército tiene una serie de unidades situadas en ciertos lugares estratégicos y que son clave para hacer frente al agresor. Esos soldados han de recibir todo lo que necesitan para funcionar a pleno rendimiento. No puede faltarles ni el pan para alimentarse ni la munición para defenderse. Cualquier hábil estratega gestionaría los recursos de su ejército de tal forma que aquellas tropas que son menos importantes en esos momentos recibieran menos pan y menos munición. De esta manera los recursos llegarían a donde más se necesitasen.

Lógicamente, los soldados también tienen la necesidad de beber. Imaginemos que hay un sistema de tuberías para llevar agua a los distintos batallones. Un hábil estratega cerraría parcialmente las válvulas de aquellas tuberías que proporcionan agua a los soldados que en esos momentos son menos necesarios y abriría al máximo las válvulas de las cañerías que conducen el agua a aquellos batallones donde se encuentra la gente imprescindible. Además, dicho estratega obligaría al gestor de la bomba de agua a que trabajara a pleno rendimiento para que llegara una gran cantidad de agua a aquellos soldados que, al estar en pleno combate, necesitan el agua más que nunca.

Nuestro organismo hace lo mismo que ese hábil estratega, ya que él también contrae ciertos vasos sanguíneos y dilata otros. Por ejemplo, contrae los vasos que van a la piel, al tubo digestivo o al sistema reproductor porque cuando una persona está ante un peligro vital, pensar en comer o en reproducirse es en exceso optimista. Gran parte de esta acción es producida por una hormona llamada angiotensina II que es un potentísimo vasoconstrictor. Esta hormona reduce el riego renal para que se produzca menos orina y haya más líquido circulante por la sangre. La angiotensina II activa el sistema nervioso simpático, que recordemos es nuestro sistema nervioso de alarma, para que cierre ciertos vasos sanguíneos. Además estimula al corazón para que trabaje todavía más. Por otro lado, se produce un aumento en la producción de aldosterona por las glándulas suprarrenales que hacen que se reabsorba más sal a nivel del riñón. Por si esto fuera poco, hay también una liberación de ADH u hormona antidiurética que lo que hace es también ahorrar agua para evitar que se pierda con la orina. Todo esto activa el mecanismo de la sed. El resultado es un mayor volumen de sangre que se distribuye por un territorio de vasos sanguíneos reducido. Esta sangre contiene, por un lado, una enorme cantidad de glóbulos rojos transportando oxígeno y, por otro, una gran cantidad de glucosa y ácidos grasos que van a servir como material para la combustión de las células y la obtención de energía por parte de estas. Como no podía suceder de otra manera, el efecto en la tensión arterial es que sube de una manera significativa.

Ya podemos intuir que nuestro «batallón imprescindible» no es sino nuestro sistema muscular, que es el que nos tiene que permitir sobrevivir huyendo, atacando o paralizándonos en una especie de espasmo muscular generalizado. Se calcula que la capacidad de trabajo que puede llevar a cabo nuestra musculatura en estas situaciones límite es cinco veces superior a la habitual. Sería algo así como transformar un coche de ciento veinte caballos en uno de seiscientos caballos, casi la potencia de un Fórmula 1.

Otros efectos muy notorios de esta reacción de estrés es la frialdad de la piel, la erección del pelo (en algunos animales les hace parecer más grandes) y el mal olor corporal fruto de la activación de las denominadas glándulas apocrinas.

También se observa una dilatación de las pupilas para que entre más luz y podamos ver con más claridad vías para escapar del peligro. Los cambios a nivel cerebral son muy interesantes, ya que el cerebro, pesando solo el 2 por ciento del cuerpo, sabemos que consume el 20 por ciento de la energía. Por eso, solo quedan plenamente operativas aquellas áreas que son imprescindibles para la supervivencia.

Existe también un aumento en el fibrinógeno plasmático, lo cual aumenta la coagulabilidad de la sangre. Es lógico, por si en el proceso de intentar sobrevivir se produjera una herida que pudiera dar lugar a una hemorragia importante.

La otra hormona que hemos de mencionar al hablar de estos mecanismos de supervivencia es el cortisol, de la que hablaremos extensamente en los siguientes capítulos, ya que no se puede entender bien la reacción de estrés si no se conoce a fondo cómo actúa esta hormona. El cortisol estimula el trabajo cardiaco y potencia el recuerdo del evento que se está viviendo al favorecer la generación de nuevos recuerdos tanto en el hipocampo (recuerdo del lugar y de la situación) como en la amígdala (recuerdo de la emoción experimentada). El cortisol estimula la neoglucogénesis hepática, un proceso que hace que el glicerol liberado durante la lipolisis se convierta en glucosa. La lipolisis consiste en que los triglicéridos, que es el tipo de grasa que contienen las células grasas o adipocitos, se rompen en ácidos grasos y glicerol. Los ácidos grasos pueden ser utilizados por las células para conseguir energía. Es importante, por motivos que comentaremos más adelante, saber que la neoglucogénesis no solo puede utilizar glicerol para formar moléculas de glucosa, sino que además puede emplear aminoácidos procedentes de las proteínas. Baste adelantar que cuando los niveles de cortisol son altos y constantes, se degradan proteínas de los huesos y de los músculos para convertirlas en aminoácidos que luego siguen el proceso de neoglucogénesis. Esto ocurre, por ejemplo, durante el ayuno prolongado.

Cuando las cifras de cortisol se mantienen elevadas, se deteriora el funcionamiento del sistema inmunológico, sobre todo de los polimorfonucleares, de los linfocitos CD4, CD8 y NK, lo cual favorece las infecciones y dificulta la lucha del organismo contra los tumores. Además sabemos que el exceso de cortisol daña las neuronas de la memoria y el aprendizaje e incluso puede llegar a destruirlas.

No es raro observar que algunas personas que han estado en una situación de estrés mantenido, algo que se conoce como estrés crónico, muestren signos de envejecimiento temprano. ¿Qué es lo que hace que dichas personas experimenten un deterioro que no corresponde en absoluto con su edad biológica? Lo que esas personas han experimentado, y lo que nosotros en mayor o menor medida experimentamos cada día, son los efectos de lo que se denomina estrés oxidativo. Dicho estrés es causado por un desequilibrio entre una serie de productos de carácter tóxico y los sistemas de los que dispone el organismo para hacerles frente. Vamos a usar una analogía para aclararlo. Nuestro organismo se parece a una ciudad. Cada uno de los habitantes de la ciudad representaría a cada una de las células del cuerpo. Consumen recursos tales como comida, bebida y ropa para poder llevar a cabo aquellas funciones que les corresponden. Entre estas funciones están el ir a trabajar y el producir ciertas cosas. Cada día, miles de personas echan multitud de residuos en sus bolsas de basura que luego son recogidos por los camiones de basura para que no se acumulen. Todos sabemos lo que ocurre en una ciudad cuando se produce una huelga en el sector que lleva a cabo la recogida de esas basuras. En nuestra analogía a esto lo llamaríamos estrés oxidativo.

Cuando las células generan energía a través de la glucosa o los ácidos grasos, mediante el proceso de oxidación, se liberan lo que se denominan radicales libres. Se trata de moléculas muy pequeñas e inestables porque tienen un electrón no apareado y, por eso, necesitan robar un electrón para obtener su estabilidad. Se convierten así en «ladrones de electrones». Cuando el metabolismo se intensifica mucho, que es precisamente lo que ocurre cuando se pone en marcha la reacción de estrés, la producción de estas especies reactivas de oxígeno aumenta de una forma muy marcada.

Las células utilizan una serie de sistemas para anular estas especies reactivas del oxígeno. Estos sistemas son los antioxidantes celulares. Entre los más importantes y mejor estudiados están las enzimas superóxido dismutasa (SOD), catalasa y glutatión peroxidasa. Antioxidantes enzimáticos menos estudiados (pero probablemente también muy importantes) son la peroxirredoxina y la sulfirredoxina.

Todas estas enzimas pueden producirse en mayor medida cuando se activan los genes responsables de formar estas estructuras proteicas. Uno de los efectos rejuvenecedores del ejercicio físico se basa en la activación de estos genes responsables de la producción de antioxidantes celulares. Dedicaremos todo un capítulo a estudiar los efectos beneficiosos del ejercicio físico en la salud y en el funcionamiento mental. Además, como sabemos, ciertos alimentos contienen potentes antioxidantes, antioxidantes como la vitamina C o la vitamina E.

La pregunta que nos quedaría por responder es: ¿qué es lo que hacen en nuestro organismo estas especies reactivas del oxígeno?

1. Oxidan las LDL (lipoproteínas de baja densidad), que ligan el colesterol y lo llevan del hígado a los tejidos periféricos, haciendo que penetren en la pared arterial y den lugar a la producción de placas de ateroesclerosis.
2. Dañan los fosfolípidos, que forman parte de la membrana de las neuronas y también lesionan la cubierta de mielina de los axones, que es esencial en la conducción del impulso nervioso. Esta es una de las razones por las que se ha asociado a las especies reactivas del oxígeno con ciertas enfermedades degenerativas del cerebro.
3. Atacan los telómeros. Los telómeros son como una especie de capuchones que hay en los extremos de los cromosomas, estructuras que, como sabemos, contienen en su

interior el ADN. Cada vez que se reproduce una célula, los cromosomas deben duplicarse para dividirse luego entre las dos células hijas. Durante este proceso, los telómeros se acortan. Si los telómeros se acortan más allá de un cierto nivel, la célula envejece y acaba muriendo al no poder mantener la integridad de su ADN y poder dividirse. Para evitar esto, existe una enzima que se denomina telomerasa, la cual repara el telómero desgastado a fin de que siga cumpliendo su función. La científica australiana Elizabeth Blackburn ganó el Premio Nobel de Medicina y Fisiología en el año 2009 por descubrir la telomerasa.

Elizabeth Blackburn llevó a cabo la mayor parte de su investigación en las universidades de Yale y de Berkeley. Una de las cosas más interesantes que descubrió, en relación con los telómeros, fue que las células cancerosas producen mayor cantidad de telomerasa favoreciendo de esta manera el crecimiento tumoral. Los tumores están formados por células que no paran de reproducirse. Por eso el descubrimiento de la telomerasa puede contribuir a encontrar sustancias, métodos o dianas eficaces para frenar la segregación de esta enzima y así ayudar a tratar más efectivamente el cáncer.

4. Golpean las moléculas de ADN, lo que puede dar lugar a mutaciones.
5. Golpean proteínas celulares alterando su función.

Si hemos de citar algún aspecto beneficioso de estas especies reactivas del oxígeno, después de ver tantos efectos negativos, es que los glóbulos blancos las contienen en el interior de una especie de bolsitas llamadas lisosomas. Cuando fagocitan una bacteria, cuando la engullen, basta que la pongan en contacto con estos lisosomas para que la bacteria quede al instante aniquilada.

El deterioro del organismo durante periodos de estrés crónico no solo se debe a la sobrecarga que se impone a diversos sistemas, como pueden ser el sistema cardiovascular o el sistema endocrino, y a la liberación excesiva de especies reactivas del hidrógeno. Existen además otros dos factores muy importantes. Uno de ellos es que la sangre tiende a acidificarse mucho. Esto favorece el crecimiento de bacterias y de tumores. El otro factor es la inhibición de muchos de los procesos que favorecen la construcción de tejido dentro del organismo. Si la clave es generar la energía necesaria para defenderse de un ataque, no parece que la situación de amenaza sea el momento idóneo para construir nada nuevo. En una situación de conflicto bélico en la que los bombarderos dejan caer sus bombas en una determinada ciudad, no tiene mucho sentido utilizar personas y recursos materiales y energéticos para ponerse a construir nuevas casas. Una de las características más destacadas del estrés es que favorece siempre el catabolismo sobre el anabolismo.

Si llamamos metabolismo al conjunto de procesos físico-químicos que ocurren en una célula a nivel individual y en el organismo a nivel global, el catabolismo correspondería a la parte del metabolismo que consiste en la transformación de moléculas complejas en moléculas sencillas. Una vez que se tienen las moléculas sencillas, a partir de ellas se puede obtener la energía necesaria para las distintas actividades que la célula realiza. Así, las proteínas son convertidas en aminoácidos, los triglicéridos en ácidos grasos y glicerol y el glucógeno en glucosa.

Durante la reacción de estrés suscitada por la apreciación de una amenaza a nuestra homeostasis o incluso a nuestra propia supervivencia, hay una serie de hormonas como la adrenalina, el glucagón o el cortisol que tienen una actividad fundamentalmente catabólica a través de la glucólisis, la lipolisis o incluso la neoglucogénesis que convierte el glicerol y los aminoácidos en glucosa.

La adrenalina o epinefrina actúa de una forma mucho más rápida que el cortisol y lo hace prácticamente en todos los tejidos del cuerpo, gracias a unos receptores específicos que se denominan adrenérgicos y de los que hay diversos tipos que se clasifican en receptores alfa-adrenérgicos y receptores beta-adrenérgicos. Según se acople la molécula de la adrenalina a un tipo u otro de receptor, así se tiene un tipo u otro de efecto.

Como va a ser necesario consumir una cantidad enorme de energía para hacer frente a la amenaza, el primer desafío que el organismo va a tener es precisamente el de poner a disposición de ciertas células, como son las cardiacas y las musculares, aquellas moléculas que al oxidarlas liberen la energía que contienen. Una de estas moléculas es la glucosa.

La unión de la adrenalina con los receptores alfa-adrenérgicos inhibe la secreción de insulina en el páncreas. Si recordamos que una de las funciones de la insulina es introducir la glucosa dentro de las células, sobre todo de los adipocitos, al haber menos glucosa que entre en estas células hay más disponible para que viaje por la sangre. Además la adrenalina hace que toda la glucosa que se había almacenado como glucógeno en el hígado y en el músculo quede liberada. A este proceso se le denomina glucólisis. La glucosa liberada en el músculo solo puede ser utilizada por el propio músculo, mientras que la liberada en el hígado pasa a la sangre y puede ser utilizada por otros tejidos. Además la adrenalina se fija a los receptores beta-adrenérgicos del páncreas, facilitando la liberación de otra hormona llamada glucagón. El glucagón actúa sobre los adipocitos, de tal manera que en estas células grasas tenga lugar un proceso llamado lipolisis que ya hemos mencionado previamente y que, si recordamos, consiste en que los triglicéridos, que es el tipo de grasa que contienen las células grasas o adipocitos, se rompen en ácidos grasos y glicerol. Los ácidos grasos pueden ser utilizados por las células para conseguir energía. El glicerol es transformado en el hígado en glucosa a través de un proceso que ya hemos descrito y que es la neoglucogénesis. Este proceso es estimulado por el cortisol. Por todo lo que hemos visto, no podemos sino sentir admiración ante procesos tan sofisticados que se ponen en marcha con el único objetivo de aportar las moléculas energéticas que precisan aquellas células y aquellos sistemas que van a tener una importancia clave en la supervivencia del organismo.

El otro elemento clave para que las células puedan obtener energía durante el catabolismo es el oxígeno. Es la oxidación de las moléculas energéticas lo que va a liberar la energía que contienen y que luego se acumulará en el ATP o adenosín trifosfato, y que es la moneda energética que utiliza el organismo. Sería como una especie de depósito bancario del que si bien no se puede sacar dinero, sí se puede obtener la energía para llevar a cabo las actividades que se necesitan.

Para que aumente la cantidad de oxígeno que viaja por la sangre y que va a llegar a las células, hay que involucrar al aparato respiratorio, al corazón y a los glóbulos rojos. El aparato respiratorio tiene que conseguir que entre la mayor cantidad posible de oxígeno a la sangre para que a partir de ahí vaya a las células. El corazón tiene que hacer que la sangre se mueva con rapidez, de tal manera que la sangre que se oxigena en los pulmones alcance lo más rápidamente posible a las células que lo necesitan. Además, tiene que haber un mayor número de glóbulos rojos para que capten la máxima cantidad de oxígeno que pueda haber en los alveolos del pulmón. Los alveolos son estructuras muy pequeñas que tienen forma de saquito. A su nivel tiene lugar el intercambio de gases entre los pulmones y la sangre. El CO_2 resultante de la combustión celular pasa al alveolo desde la sangre para ser expulsado de los pulmones durante la expiración, mientras que el oxígeno que entra en los pulmones durante la inspiración atraviesa el alveolo para entrar en la sangre y así ser distribuido por todo el organismo.

Este proceso de extrema complejidad es favorecido en gran medida por la adrenalina. La adrenalina dilata los bronquios para que el aire entre y salga de los pulmones con más facilidad. Además aumenta la frecuencia cardiaca y potencia la intensidad de la contracción del corazón. Por si esto fuera poco, la adrenalina hace que se produzca una contracción de las venas del cuerpo para que la sangre que está parcialmente «estancada» se ponga en movimiento. Lo mismo ocurre con el bazo, que acumula una gran cantidad de sangre y que, al contraerse, manda esta sangre al torrente circulatorio. Uno no puede menos que quedar asombrado ante la perfección de estos mecanismos.

El otro lado de la balanza en lo que al metabolismo se refiere es lo que se conoce como anabolismo. El anabolismo es el conjunto de procesos metabólicos que tienen como resultado la síntesis de moléculas complejas a partir de otras más sencillas, orgánicas o inorgánicas. La gran diferencia desde el punto de vista energético es que durante el catabolismo se libera energía, mientras que en el anabolismo se consume energía. Aunque anabolismo y catabolismo son dos procesos que parece que van en direcciones opuestas, los dos funcionan coordinada y armónicamente y constituyen una unidad difícil de separar. Sin embargo, en el estrés, como ya hemos comentado, el catabolismo es con mucho el proceso predominante. Por eso, en la reacción de estrés se aprecia una caída en el nivel de las hormonas que estimulan el anabolismo. Entre ellas podemos citar a la hormona del crecimiento. Esto explica por qué niños sometidos a un estrés prolongado pueden crecer y desarrollarse menos de lo que les correspondería en base a su edad. Cuando hay estrés también se reduce la producción de DHEA, que es una hormona suprarrenal precursora tanto de la testosterona como de los estrógenos. Se entienden también así los efectos del estrés crónico en la reducción tanto del apetito sexual como de la fertilidad.

Hoy en día hay una epidemia de lo que se conoce como el síndrome metabólico o síndrome X. Se trata de una entidad bastante compleja y en la que intervienen dos tipos fundamentales de causas. Por una parte, una alteración, normalmente genética, que predispone a una resistencia a la insulina. La resistencia a la insulina da lugar a una inadecuada captación de la glucosa por parte de los tejidos, en especial del hígado, músculo y tejido adiposo. Con el tiempo, como resultado de esta alteración, los niveles de glucosa en sangre aumentan (hiperglucemia) y se acompañan de hiperinsulinemia por la sobreproducción pancreática de insulina, llevando al organismo al desarrollo de diabetes tipo II.

Para poder diagnosticar un síndrome metabólico es condición necesaria pero no suficiente la resistencia a la insulina. Además, la OMS (Organización Mundial de la Salud) requiere la presencia de al menos dos de las siguientes alteraciones:

— Presión arterial ≥ 140/90 mmHg
— Dislipidemia: triglicéridos (TG): ≥ 1.695 mmol/L y/o colesterol HDL (HDL-C) ≤ 0.9 mmol/L (en hombres), ≤ 1.0 mmol/L (en mujeres)

— Obesidad central: relación cintura/cadera > 0.90m (en hombres), > 0.85m (en mujeres), y/o índice de masa corporal (IMC) > 30 kg/m²

— Microalbuminuria: excreción urinaria de albúmina ≥ 20 mg/min o relación albúmina/creatinina en orina ≥ 30 mg/g

La hipertensión arterial y la dislipemia favorecen la ateroesclerosis. Como además en el síndrome metabólico hay un aumento en la coagulabilidad de la sangre, esto hace más probable que se produzca una trombosis que origine un infarto cerebral o cardiaco.

La obesidad central es la más peligrosa de las formas de obesidad y está asociada con la liberación en las células grasas del abdomen de un neurotransmisor que se llama neuropéptido Y. El NPY aumenta el número de adipocitos que se forman y el contenido de grasa que contienen. Por eso cuando los adipocitos están muy llenos de grasa, liberan una sustancia llamada peptina, la cual, a nivel del hipotálamo, da lugar a que se genere una señal para que se pare la producción de NPY por parte del núcleo paraventricular del hipotálamo.

Llama la atención que el NPY es un neurotransmisor del sistema nervioso simpático. Resulta curioso que en las situaciones de estrés crónico, donde en el tejido graso se favorece la lipolisis, en la grasa abdominal se potencia la lipogénesis.

Cuando hablamos en el síndrome metabólico de la microalbuminuria, lo hacemos para describir la presencia de una proteína conocida como albúmina, que es la más abundante en el plasma sanguíneo, en una muestra de orina. La albúmina es fundamental para mantener lo que se denomina presión oncótica que es la que evita que escape agua desde los capilares al espacio intersticial que rodea a las células. Por eso, en personas desnutridas, las cifras de albúmina en sangre son muy bajas y escapa agua al espacio intersticial, generando un edema, un hinchazón de los tejidos. La microalbuminuria es marcadora de una enfermedad renal incipiente, aunque todavía pueda no estar dando manifestaciones clínicas. En todos los casos en los que los riñones están sanos no se eliminan lo que son valiosas proteínas por la orina. Las dos enfermedades que originan microalbuminuria más frecuentemente son la diabetes mellitus y la hipertensión arterial.

Si además resaltamos que en el síndrome metabólico hay un aumento de los radicales libres y de los agentes mediadores de la inflamación, podríamos concluir que el síndrome metabólico tiene altas posibilidades de aparecer cuando se está padeciendo un estrés prolongado, es decir, un estrés crónico.

Nos queda hablar de un tema importante en esta reacción de estrés crónico. Se trata de lo que se denomina reacción inflamatoria. La reacción inflamatoria tiene un objetivo loable aunque a veces sus efectos son tan excesivos que generan más problema que solución. Es como si ante un fuego mínimo en casa, llegaran los bomberos y con sus mangueras no solo apagaran el fuego, sino que además inundaran nuestra casa.

Los procesos de inflamación tienen por meta reparar un daño ocasionado. Por eso favorecen la dilatación de los vasos sanguíneos y la llegada de elementos de defensa como los glóbulos blancos y los macrófagos al lugar donde se ha producido el daño del tejido. Los glóbulos blancos y los macrófagos forman parte de lo que se denomina defensa natural. Se trata de células que atacan a los microorganismos disponiendo como única información que son nocivos para nuestra salud. Se diferencian así de otras células que son conocidas como defensa específica y que saben exactamente a qué microorganismo están atacando. Dado que el organismo tarda en averiguar a qué tipo de germen se enfrenta, mientras lo averigua y crea la defensa específica, pone en marcha a nuestra defensa natural.

Uno de los lugares donde se ha encontrado inflamación asociada a múltiples trastornos mentales es curiosamente en el cerebro. De ahí que la ingesta de los ácidos grasos esenciales (omega 3-omega 6-omega 9) sea tan beneficiosa, ya que son la base de formación de las prostraglandinas que, al ser potentes antiinflamatorios naturales, inhiben los efectos inflamatorios excesivos, generados por unas sustancias llamadas citoquinas.

Hemos visto con extensión y profundidad lo que ocurre en nuestro organismo cuando se ponen en marcha los mecanismos de estrés, sean los homeostáticos o los alostáticos. Nos hemos dado cuenta de que el objetivo que tienen dichos mecanismos es el de favorecer que el organismo o vuelva a la estabilidad que había perdido o se adapte a un nuevo entorno a base de generar cambios en su propio interior. Por eso no hay ningún problema cuando la activación de los mecanismos de estrés ocurre ocasionalmente. El principal problema surge cuando están siendo activados de forma sostenida, algo que hemos mencionado ya en varias ocasiones y que se conoce como estrés crónico. En el estrés crónico, y por su propia naturaleza, no hay momentos de reposo y de recuperación.

Ya hemos visto que la reacción de estrés es mediada fundamentalmente por el sistema nervioso simpático, mientras que los periodos de reposo y de recuperación son mediados por el sistema nervioso parasimpático. A ello nos referimos de forma extensa en sucesivos capítulos y también aprenderemos maneras de activar nuestro sistema nervioso parasimpático y de desconectar el sistema nervioso simpático, cuando su actividad esté siendo dañina bien por su intensidad o bien por su duración.

Hablamos brevemente en páginas previas de la manera en la que el exceso de sal o de azúcar puede afectar negativamente a nuestra salud. Es el momento de profundizar más en esta cuestión en relación a cómo lo que comemos puede también poner en marcha la reacción de estrés. Para nuestro paladar es muy agradable el sabor dulce y por eso se encuentra gran cantidad de azúcar en muchos comestibles y bebidas. Si nuestro mecanismo homeostático de control de glucosa falla, porque ingerimos cantidades elevadas de azúcares, los niveles de glucosa, en lugar de mantenerse en unos niveles normales, se mantendrán altos. Los niveles altos de glucosa generan muchos problemas.

Por ejemplo, a nivel de los fibroblastos, que son responsables de la cicatrización de las heridas, producen una inhibición. Esta es la razón por la cual en el enfermo diabético, los cirujanos, cuando tenemos que quitar los puntos o las grapas de una sutura, lo hacemos habitualmente no a la semana sino a las dos semanas. Además la hiperglucemia dificulta el funcionamiento de las células del sistema inmunológico, favoreciendo la extensión de las infecciones. Por eso, también, los médicos hemos de estar especialmente vigilantes cuando un paciente diabético tiene una infección y actuar de una manera muy agresiva contra dicha infección. Además la hiperglucemia favorece la polineuropatía, que afecta sobre todo a los pies, reduciendo la sensibilidad táctil y dolorosa. Aparte de su función sensitiva y motora, los nervios son muy importantes para mantener la estabilidad de los tejidos. Esto se conoce como función neurotrófica. En el diabético se producen ulceraciones en los pies precisamente por este daño en los nervios, que se asocia también a un daño en los vasos sanguíneos de pequeño diámetro.

Si el que falla es el mecanismo homeostático de la sal, entonces se producirá hipertensión arterial. Esto favorecerá la ateroesclerosis y la obstrucción progresiva de los vasos arteriales del organismo.

Muchas personas no comen de manera adecuada y consumen grasas saturadas en exceso, grasas parcialmente hidrogenadas que son de naturaleza tóxica, y cantidades enormes de dulces o de sal. Además tampoco hacen ejercicio físico ni duermen el número de horas que es adecuado. A esto hay que añadir sentimientos como la ansiedad, la frustración y la desesperanza que pueden aparecer en entornos inciertos, marcados por la ambigüedad y el cambio permanente y que por sí solos pueden desencadenar una reacción de estrés.

Por todo ello, la gestión del estrés es multifactorial y por ello hay que abordar aspectos físicos (ejercicio y descanso), nutricionales, psicológicos, emocionales, culturales y trascendentales. Recordemos que la OMS define la salud no solo como la ausencia de enfermedad, sino también como el bienestar psicológico, social y emocional de la persona.

3

La balanza de la vida

El conocimiento intelectual que hemos obtenido en el capítulo anterior puede ser valioso e interesante y, sin embargo, no necesariamente implica que podamos aplicarlo en nuestra vida cotidiana. Por eso en este capítulo y a lo largo del resto del libro vamos a utilizar historias y referencias que apelen mucho más a nuestros sentidos y que hagan especial énfasis en la psicología de la emoción. Si conseguimos experimentar de alguna manera lo que aquí se va a contar, también podremos descubrir formas mucho más eficientes y personales para aprovechar los efectos positivos del estrés y evitar los efectos negativos del mismo. El propio Hans Selye del que hemos hecho referencia en el capítulo anterior, llamó eustrés al estrés que nos ayuda a adaptarnos a nuevas situaciones y distrés al estrés que nos daña y cuyos efectos también hemos descrito en profundidad.

Hoy en día el mundo se encuentra en una situación de continua incertidumbre, tanto en lo económico como en lo social. Un cambio en el trabajo, un jefe nuevo, una mudanza, un colegio distinto, un nuevo competidor en el mercado e incluso una enfermedad representan para cualquier persona circunstancias de desasosiego que exigen al organismo una adaptación.

El estrés se podría representar visualmente como una balanza cuyos brazos se abren en el mismo momento en el que se penetra en un territorio desconocido. Para entenderlo mejor y vivirlo no como un concepto, sino como una experiencia, vamos a usar nuestra imaginación para realizar un viaje hacia el pasado. Para realizar este viaje necesitamos poner en marcha el reloj del tiempo. Después de dar a las agujas «infinitas» vueltas y dejar atrás las civilizaciones que forjaron nuestro presente, finalmente el reloj se detiene y nos encontramos en un sitio extraño: una inmensa pradera donde casi todo está seco. Tenemos mucha hambre y mucha sed. Miramos hacia atrás y vemos unos árboles a lo lejos. Durante mucho tiempo ellos fueron nuestro hogar. Ellos nos ayudaron a sobrevivir. Aquellos árboles nos dieron una gran sensación de seguridad. La nostalgia da paso a la necesidad de encontrar alimentos y algo de agua para beber. Con una mezcla de ilusión y de miedo, empezamos a recorrer esa pradera. No sabemos lo que podemos descubrir, tal vez haya animales peligrosos que nos quieran devorar, tal vez un águila desde el cielo nos divise y baje en picado sin que hallemos ningún lugar para ocultarnos y protegernos. A pesar de nuestras dudas, seguimos avanzando hasta que al final encontramos un pequeño estanque escondido entre unas rocas. Nos acercamos a beber y al agacharnos aparece el reflejo de nuestro rostro y nuestro cuerpo sobre el agua. Nos quedamos mirando con una cierta sorpresa esas poderosas cejas, esa mandíbula prominente, la forma de nuestro cráneo en la que no parece distinguirse la existencia de una frente. Todo nuestro cuerpo está lleno de pelos y somos conscientes de que tras ese aspecto feroz se esconde una gran fragilidad, ya que apenas medimos un metro y medio.

Después de beber nos ponemos en marcha y al contemplar dos piedras nos paramos, cogemos una y empezamos a golpearla contra la otra con decisión.

La forma roma de la piedra que tenemos en la mano izquierda va adquiriendo progresivamente una apariencia cortante. Estamos satisfechos porque sabemos que hemos construido nuestra primera arma. Seguimos nuestra marcha más tranquilos hasta que bruscamente nos paramos. Entre los arbustos que hay frente a nosotros empezamos a distinguir algo sutil, casi podríamos decir que es parte del arbusto, pero no, no lo es, reconocemos un leve movimiento, tal vez algo como una ligera y muy discreta respiración. Súbitamente, una imagen aparece en nuestro cerebro como lo hace el sol tras disiparse las nubes. Pegamos un chillido al acudir a nuestra mente la representación de un leopardo. Comenzamos a correr justo antes de que surja de entre los arbustos una figura musculosa y de aspecto moteado. Mientras que sentimos que el corazón nos late con fuerza, nos damos cuenta de que corremos a una velocidad que parece imposible. Saltamos sobre las piedras que hay en el camino y buscamos desesperados un lugar donde ocultarnos. Nuestros ojos divisan un grupo de acacias. Corremos hacia ellas, pues sabemos que nuestra vida está en juego. Empezamos a subir por una de ellas con una agilidad extrema. Tras nosotros el leopardo comienza a subir por el tronco. Saltamos de rama en rama hasta llegar a las más altas. El leopardo se para en seco, se da cuenta de que la rama en la que estamos subidos es demasiado frágil para resistir su peso. Tal vez pudiera atraparnos, pero si la rama se rompiera, desde una altura tan grande podría romperse algún hueso. Ya no podría cazar, no podría subirse a los árboles y acabaría por ser presa de las hienas. El leopardo da un gruñido y paulatinamente se aleja y desaparece por la sabana africana en pos seguramente de alguna otra presa. Al menos en aquella ocasión nosotros, los *Homo habilis,* habíamos sobrevivido.

Nuestro primer ancestro conocido fue el *Homo habilis,* que apareció en África hace unos dos millones de años. Este solo era capaz de hacer piedras cortantes y carecía de otro tipo de armas más sofisticadas. Debido a su pequeño tamaño era presa frecuente de las águilas, los leopardos y las hienas. Experto trepador, encontraba su refugio en los árboles. En un momento de su historia, probablemente movido por la falta de alimentos en su entorno natural, el bosque, tuvo que lanzarse a descubrir otros mundos y se adentró en la gran sabana. Al penetrar en ese incierto universo, esa fuerza destinada a ayudarnos a sobrevivir se desplegó y la balanza del estrés abrió sus brazos. Si la amenaza pesaba más que los recursos que aquel ser tenía, se pondrían en marcha mecanismos para aumentar su poder y su capacidad de supervivencia. Nuestro personaje descubrió al leopardo a pesar de su excelente camuflaje porque su atención era precisa y su estado de alerta máxima. Pudo recordar las experiencias que otros *Homo habilis* habían tenido sobre encuentros con depredadores porque su memoria se agudizó y además corrió a una velocidad que en otras circunstancias habría sido imposible de alcanzar porque experimentó un aumento en el riego sanguíneo de sus músculos.

Volvamos ya a la Edad Moderna, al ser humano actual, y reconozcamos cómo esa misma balanza del estrés opera en nosotros. Recordemos experiencias en las cuales nos hemos quedado sorprendidos de nuestra capacidad de concentración y de nuestra velocidad de aprendizaje. De la manera en la que éramos capaces de solucionar varios problemas al mismo tiempo. Tal vez incluso nos haya impactado la magnitud de nuestra memoria para recordar y para almacenar datos. No sería tampoco extraño que en aquellos momentos hubiéramos percibido también una inusual energía y una gran vitalidad. Nuestra relación con el tiempo parecía haberse transformado y éramos conscientes de nuestra capacidad de hacer mucho más en menos tiempo. Pensemos en aquello que desató unas reacciones tan curiosas y nos daremos cuenta de que fue algún tipo de desafío, afortunadamente no el encuentro con un leopardo, pero sí tal vez un proyecto que había que terminar antes de lo previsto, o tal vez un examen que sin darnos explicación alguna se había adelantado. Estábamos, sin duda, encantados con nuestras capacidades expandidas y posiblemente pensáramos en aquellos momentos que ojalá todo fuera siempre así. Han pasado ya noventa minutos desde que nos transformamos en «súper hombres» y «súper mujeres» y ahora notamos que algo extraño empieza a ocurrir. Nos vamos notando cada vez más irritables y nos cuesta mucho mantener la concentración. Ya no nos acordamos de lo que habíamos leído tan solo un minuto antes. No logramos aprender y al poco rato nuestro estado físico no es de cansancio, sino de completo agotamiento.

Nos vamos a parar en este punto para entender qué es eso tan raro que nos está pasando. Hoy con la investigación actual podemos explicar lo que ayer nos resultaba confuso.

Al principio, frente al desafío estábamos bajo los efectos del estrés positivo o eustrés. Nuestra sangre tenía una curiosa mezcla de hormonas, entre ellas la adrenalina y la noradrenalina, que mantenían nuestro interés y nuestra sensación de vitalidad y que nos invitaban a explorar. También había dopamina, la cual nos daba la capacidad de enfocarnos y de evitar distracciones, a la vez que nos proporcionaba una sensación de placer. Junto a ellas también nos encontraríamos con la serotonina, una hormona que afecta mucho a los estados de ánimo. Esta nos aportaría una gran sensación de confianza, que nos ayudaría a sentirnos tranquilos en medio del desafío, con la clara convicción de que lo íbamos a superar. Sin embargo, han pasado noventa minutos con nuestro motor a máximo rendimiento y hemos cometido el error de no parar unos minutos a recuperarnos, a mover nuestro cuerpo, a hacer un sencillo ejercicio de relajación o a escuchar con los ojos cerrados un poco de música agradable. Esto ha causado la puesta en marcha de la otra forma de estrés, el negativo o distrés. Nuestra sangre ha visto desaparecer la mayor parte de la adrenalina, de la noradrenalina y sobre todo de la dopamina y de la serotonina, y se ha llenado de cortisol. Por eso nos sentimos agotados, empezamos a irritarnos y a perder concentración y memoria. Emociones negativas como el miedo y la desesperanza sustituyen a la confianza y a la ilusión.

Concluyamos, pues, nuestra revisión sobre la naturaleza del estrés y reconozcamos que ante los desafíos, el estrés siempre nos va a ayudar a superarlos porque va a agudizar nuestro intelecto y va a poner en marcha unas emociones que van a generar en nosotros la ilusión, la confianza, la serenidad y el aguante que en esos momentos necesitamos. Recordemos que tras la activación del estrés, sobre todo si llevamos en esa situación más de noventa minutos, se va a producir la activación del otro mecanismo, el del distrés. Este que tiene su razón de ser, como veremos más adelante, genera falta de claridad mental, vacilación en la toma de decisiones o errores graves en el tipo de resoluciones que se llevan a cabo. Finalmente el distrés perjudica de una forma notable nuestra salud y nuestra vitalidad. En la actualidad somos conscientes, sobre todo a raíz de los estudios que se han llevado a cabo con atletas, de que para que un ser humano crezca, madure y evolucione son necesarios tanto los episodios de estrés o «estiramiento» como los de recuperación. Las personas necesitamos respetar este tipo de oscilación. En una empresa o en una casa, cuando no existen estos episodios de recuperación, inmediatamente se entra en distrés. La falta de esta especie de revitalización genera lo que describimos previamente como carga alostática y que como vimos es un residuo tóxico que cuando no se elimina tiene un impacto muy perjudicial.

Por otro lado, es importante comentar que las reacciones de distrés no aparecen solo cuando no nos recuperamos de un periodo de estrés mantenido. También se producen cuando hemos aprendido a sentirnos incapaces de hacer frente a los desafíos e incertidumbres. En este caso, es nuestra forma de pensar, esta incapacidad aprendida, la que genera unos cambios físicos y mentales tan notables y tan profundamente limitantes.

El doctor Bandura, catedrático de Psicología de la Universidad de Stanford, ha llevado a cabo ingeniosos experimentos para demostrar hasta qué punto la incapacidad aprendida afecta no solo a los niveles de distrés, sino también al nivel en el que somos capaces de soportar el dolor. Bandura invitó a una serie de jóvenes a participar en una de estas experiencias. Se buscaron grupos homogéneos, que compartían un cociente intelectual y una preparación académica similar, para eliminar variables que hicieran más difícil medir algunos resultados. Bandura, en la parte inicial del experimento, les pidió que metieran las manos en unos tanques llenos de agua muy fría. Se cronometró con precisión el tiempo que cada participante aguantaba el dolor sin sacar la mano del agua. Posteriormente se dividió a los estudiantes en dos grupos y a cada uno de ellos se les situó en salas diferentes. En cada estancia se encontraban los mismos problemas de matemáticas para que los solucionaran ambos grupos. Solo existía una diferencia, los colaboradores de Bandura en una de las salas tenían la misión de hacer que los estudiantes se sintieran capaces de resolver los problemas, mientras que en la otra estos tenían que actuar de manera contraria, y hacer sentir a los estudiantes que eran incapaces de dar una respuesta a los problemas. Todos sabemos que unos simples comentarios e incluso una forma de mirar pueden transmitir mensajes de confianza o desconfianza. Los resultados que Bandura buscaba no eran los obvios que se obtuvieron, es decir, que los estudiantes que se sintieron capaces resolvieron mucho mejor los problemas de matemáticas que los que se veían incapaces. Lo que se buscaba demostrar era muchísimo más sutil.

Terminada la parte de los problemas de matemáticas, se llevó de nuevo a los estudiantes a los mismos tanques de agua muy fría para que volvieran a meter sus manos en ella y poder calibrar cuánto tiempo aguantaban el dolor sin sacar la mano del agua. Aquellos que se sintieron capaces de resolver los problemas de matemáticas aguantaron mucho más tiempo que antes y un tiempo muy superior al que habían aguantado los que se habían sentido incapaces de resolver los problemas. Lo que Bandura y su equipo demostraron fue que cuando uno se siente capaz de hacer frente a un desafío, su organismo empieza a producir unas sustancias llamadas neuropéptidos que no solo son potentísimos analgésicos, lo que explica que los estudiantes que se sintieron capaces de resolver los problemas aguantaran mucho más tiempo en el agua helada, sino que además esos mismos neuropéptidos tienen la capacidad de anular la reacción de distrés. Por eso es tan importante que cuanto más distresada se encuentre una persona y mayor sea el nivel de incertidumbre, lejos de caer en el pánico y en la desesperanza, se autoconvenza y transmita a los demás que es capaz de superarlo y resolverlo, que existe una salida. En general tendemos a adoptar actitudes pesimistas y de desaliento cuando el caminar se hace difícil. Es importante que seamos conscientes de que la actitud menos sencilla, aunque más inteligente, es justo la contraria.

A modo de conclusión me gustaría resaltar dos ideas:

1. Ante los desafíos y las incertidumbres es importante recordar que en nuestro interior tenemos muchos más recursos de los que pensamos. Ello nos dará la confianza para avanzar con ánimo y con inteligencia. Solo así descubriremos las oportunidades y reconoceremos las posibles amenazas antes de que se conviertan en inminentes peligros.
2. Cuando llevemos más de noventa minutos en eustrés, recordemos que el organismo va a necesitar un periodo de recuperación.

Hay un relato que nos puede ayudar visualmente a tener presente esto:

Un grupo de leñadores estaba cortando árboles en un bosque, diariamente, sin parar. Cada jornada ellos se levantaban antes y se acostaban más tarde y, sin embargo, cada vez cortaban menos árboles. Asumieron que su falta de eficacia se debía a que sin duda a medida que avanzaban en el interior del bosque los árboles por alguna razón desconocida adquirían una mayor dureza. Solo uno entre ellos cortaba más árboles que nadie, a pesar de que ni era el que se acostaba más tarde ni el que se levantaba más temprano. Además, para mayor sorpresa de todos, todos los días desaparecía durante media hora. Entre sus compañeros circulaban todo tipo de teorías, desde que tenía suerte porque le tocaban los árboles más blandos, hasta que era más fuerte de lo que parecía. Al final uno de ellos, en lugar de seguir haciendo juicios, decidió hacerle una pregunta para averiguar en qué invertía el tiempo en el que se ausentaba. La respuesta, de tan evidente que era, había sido obviada:

—Durante ese tiempo me dedico a afilar mi hacha.

Pararnos para recuperar fuerzas no es un gasto de tiempo, sino una extraordinaria inversión. Cuando nuestro cerebro entra en un periodo de recuperación, las ondas rápidas que se registran por medio del electroencefalograma se vuelven más lentas y ese ritmo lento llamado alfa está asociado a la recuperación tanto mental como física.

4

El sueño, nuestro taller de reparaciones

Si hemos hablado en el capítulo anterior de la importancia de los periodos de recuperación, de dedicar tiempo a «afilar nuestra hacha», no hay periodo de recuperación más importante que el del sueño nocturno y por eso vamos a dedicarnos a explorar sus efectos en nuestra salud.

El sueño es uno de los procesos más complejos y enigmáticos que existen. Por un lado, sabemos que tiene lugar una gran actividad cerebral que se evidencia por el elevado consumo de glucosa y oxígeno que lleva a cabo nuestro cerebro. Por otro lado, existen los sueños, ese aspecto enigmático que tanto atrajo la atención de científicos como Sigmund Freud o Carl

Gustav Jung. Freud publicó en el año 1900 su famoso libro sobre la interpretación de los sueños que tantísimo interés suscitó entonces y sigue suscitando en la actualidad.

Sabemos que durante el sueño, la actividad eléctrica del cerebro experimenta cambios muy significativos. El registro eléctrico del cerebro, reflejado en el EEG (electroencefalograma), es una manifestación del tipo de actividad neuronal existente. Una de las cosas más interesantes de observar es cómo varía el tipo de actividad neuronal a medida que recorremos las distintas fases del sueño.

Se calcula que en Estados Unidos hay unos cien mil accidentes de circulación al año, producidos por distracciones a consecuencia de haber dormido un número escaso de horas. Si tenemos en cuenta que cuando vamos a 120 kilómetros por hora recorremos 33,3 metros en un segundo, nos daremos cuenta de la importancia que tiene no distraerse ni un instante mientras se conduce. La zona prefrontal de nuestro cerebro, tan importante a la hora de prestar atención, es muy sensible a la privación de sueño. Por eso cuando dormimos poco, estamos más distraídos y nos cuesta más concentrarnos, recordar y aprender.

Además, hay algunos elementos en el proceso del sueño que son muy relevantes. Por una parte, se sabe que el sistema nervioso parasimpático es más activo durante las horas de sueño. Recordemos que el sistema nervioso parasimpático es el encargado de llevar a cabo el mantenimiento y la puesta a punto del organismo después del desgaste que hemos vivido a lo largo del día. También sabemos que durante el sueño se consolida la memoria y se afianza lo aprendido durante el día. Por si esto fuera poco, también el sistema inmunológico es especialmente activo, favoreciendo la destrucción de aquellas bacterias y virus que pueda haber en el cuerpo. Hoy en día ya se comprende que cuando no dormimos las horas de sueño suficientes se activa el sistema nervioso simpático, que es el sistema responsable de poner en marcha la reacción de estrés y que debería estar desconectado en esos momentos de supuesto descanso. Por eso, la falta de sueño se asocia con irritabilidad y otras alteraciones importantes del estado de ánimo.

Diversos estudios muestran que si no dormimos en toda una noche, se reduce en un 30 por ciento nuestra capacidad para concentrarnos, razonar y aprender. Cuando dormimos una media de seis horas por semana, puede verse mermada nuestra capacidad mental hasta en un 50 por ciento. Salvo muy contadas excepciones, todos tenemos que dormir una media de siete horas diarias. Lamentablemente, muchas personas consideran que dormir es una pérdida de tiempo, en lugar de apreciar que se trata de una condición impuesta por nuestra naturaleza.

En cuanto al periodo de siesta, se ha visto que siestas cortas, de entre veinte y treinta minutos, mejoran el rendimiento de una manera significativa, mientras que siestas largas, salvo que sea para recuperarse de periodos de privación de sueño, pueden tener un efecto contraproducente sobre el funcionamiento del cerebro, produciendo somnolencia e irritabilidad.

5

La luz que poco a poco se apaga

Probablemente muchos de nosotros hemos entrado en algún momento de nuestra vida en algún lugar que se encontraba completamente a oscuras. De manera casi instintiva hemos extendido los brazos hacia delante para intentar distinguir los obstáculos antes de chocar contra ellos. Nuestro caminar era lento e inseguro porque nuestra principal ayuda, la vista, en ese momento no estaba operativa. Si alguien hubiese encendido en algún momento una simple cerilla, podríamos haber empezado a distinguir de inmediato el camino para salir de aquella oscuridad. Notaríamos cómo nos iríamos relajando de manera paulatina y empezaríamos a distinguir multitud de objetos que antes permanecían ocultos a nuestros ojos.

Existe un relato muy conmovedor que al parecer ocurrió tras el ataque a las Torres Gemelas el 11 de septiembre en Nueva York. Uno de los grupos de personas que estaban atrapadas en una de las plantas de una de las torres se encontraba en plena oscuridad, y no tenían muy claro qué había sucedido y cómo tenían que actuar. De repente se encendió una pequeña linterna y empezó a moverse en una dirección determinada. Esta los guio y los condujo por las escaleras sanas y salvas hasta el exterior. Nunca se supo quién había sido el portador de aquella linterna.

Cuando nosotros entramos en distrés, nos pasa algo semejante. La luz de nuestra conciencia se va apagando de manera gradual, hasta que nos quedamos sumergidos en una completa oscuridad mental. Tal vez podamos apreciar los objetos que nos rodean porque nuestra visión no está afectada, en cambio seremos incapaces de encontrar la salida para nuestras angustias, inquietudes o preocupaciones. Los problemas los veremos como insolubles y sus soluciones completamente inexistentes.

Cuando nos veamos a nosotros mismos metidos en un «túnel» sin salida, es importante tener presente que esta circunstancia no la causa la falta de recursos importantes, como la inteligencia, la memoria o la imaginación. El causante de esta situación lo encontramos en lo que se denomina un estado mental limitante. Para entender esto con mayor facilidad vamos a utilizar una analogía. Visualicemos a uno de los mejores jugadores de baloncesto que haya en el mundo. Sus habilidades le permiten encestar sin dificultad. Imaginemos que a ese mismo jugador lo introducimos en una gran caja transparente y cerrada. ¿Verdad que por bueno que sea mientras no salga de su caja no podrá encestar? Esa caja representa un estado mental limitante que restringe toda movilidad y puede anular por completo todo su talento. El jugador de baloncesto no es limitado, sino que hay una estructura que lo limita. Esta es una distinción fundamental que necesitamos hacer.

¿Por qué cuando estamos en distrés se hace la oscuridad a nuestro alrededor y somos incapaces de encontrar salidas y soluciones, y nos «ahogamos en un vaso de agua»? La razón es que en el distrés se produce una alteración muy importante del riego sanguíneo en el cerebro. Este cambio hace que algunas de sus partes, fundamentalmente los lóbulos prefrontales, situados en la parte más anterior de nuestro cerebro, reciban menos sangre. La falta de riego sanguíneo hace que las neuronas de los lóbulos prefrontales reciban menos oxígeno y menos glucosa, con lo cual baja su metabolismo y se empobrece su función. Estos últimos son clave a la hora de integrar, de armonizar el funcionamiento de ambos hemisferios del cerebro. Además, son esenciales en los procesos de razonamiento y de mantenimiento de la atención. Los lóbulos prefrontales son también imprescindibles para imaginar el futuro y para tomar decisiones, y están implicados en todos los procesos de aprendizaje.

Las consecuencias de estos descensos en el metabolismo neuronal son serias, ya que se pierde la capacidad de ver las cosas con perspectiva. Además, no se puede razonar con un mínimo de precisión analítica. La creatividad es interferida, de la misma manera que lo es la toma de decisiones. El aprendizaje y la memoria experimentan una parálisis progresiva, de tal manera que resulta casi imposible almacenar e integrar nuevos datos, nueva información. Además, aparece un fenómeno de lo más curioso que consiste en que la memoria empieza a atraer solo aquellos registros negativos que se encuentran almacenados en ella. Esto hace que comencemos a recordar solo los episodios negativos de nuestro pasado: las personas que nunca nos ayudaron, las que siempre nos criticaron, los fracasos que tuvimos, lo que siempre quisimos y nunca alcanzamos. Además, la imaginación solo nos muestra mundos grises, oscuros y amenazantes. Por todo esto, el distrés, si se mantiene en el tiempo, lleva claramente a un estado de desesperanza y de depresión.

La salida al distrés se encuentra en la utilización de la vía de las emociones positivas que, como veremos más adelante, incluye sobre todo la verdadera conexión emocional con uno mismo y con los demás. La vía de las emociones positivas es la clave de la resiliencia, de esa capacidad de recuperarnos rápidamente de las adversidades, una cualidad que tienen los juncos y de la que carecen los troncos viejos, duros y resecos, los cuales, a diferencia de los anteriores, pueden partirse cuando un viento sopla con fuerza.

Desde un punto de vista práctico quisiera resaltar algunas estrategias para hacer frente con eficiencia a esas situaciones en las que tantas veces nos sentimos confusos y perdidos.

Cuando nos sintamos imposibilitados para resolver algo porque nos vemos a nosotros mismos en el interior de un túnel, empecemos por acostumbrarnos a reflexionar, a pensar que no es que no exista la salida a ese túnel, sino que mientras no cambiemos de estado mental, sencillamente, no la veremos. Puede que parezca a primera vista que esta distinción no es relevante y, sin embargo, sí lo es y mucho, porque es la misma distinción que existe entre ser torpe o realizar torpezas, entre ser un fracasado y cometer errores.

Recuerdo el caso de un chico joven que acudió una vez a mi consulta porque le dolía el estómago. Lo primero que me dijo fue: «Doctor, verá, yo soy muy nervioso y por eso me duele el estómago». «¿Quién te ha dicho que eres nervioso?», le pregunté. «Mi madre», me respondió. Se sorprendió de que yo le insistiera tanto en que a partir de ese momento, en lugar de repetirse continuamente que era nervioso, se dijera que lo que tenía eran nervios. Es muy diferente el impacto que tiene en nosotros una conversación cuando usamos el verbo ser o el verbo tener. De ahí que resalte tanto la importancia de que cambiemos la interpretación de la frase «soy limitado» por la de «en este preciso momento estoy experimentando unas limitaciones». El lenguaje no solo describe la realidad, sino que además es capaz de crearla. Nuestra forma de hablarnos a nosotros mismos afecta tremendamente a nuestra manera de relacionarnos con el mundo. Resultan muy sorprendentes los estudios del profesor japonés Masaru Emoto y sus fotografías, que muestran cómo la manera de hablar a simples recipientes con agua afecta a la forma que adquieren los cristales cuando esta se congela. No olvidemos que un porcentaje enorme de nuestro cuerpo es agua. Resulta inquietante pensar en la manera en la que nosotros con nuestra forma tan dura de hablarnos a nosotros mismos podemos afectar a nuestro cuerpo. Hoy el mundo de la energía es cada vez más reconocido, valorado y respetado. Disciplinas como el yoga, el tai chi, el qi gong o el reiki son incluidas en el tratamiento de enfermos en algunos de los hospitales más prestigiosos del mundo. Cuando nosotros hablamos, también hay una emisión de energía y hay formas de energía que sanan y otras que enferman.

Hay otra estrategia que nos puede también ser de utilidad. En esos momentos en los que nuestra capacidad de razonar y de reflexionar se encuentra limitada, la salida del túnel a veces no pasa por pensar, sino por actuar, por no quedarnos inmovilizados. Demos un paso adelante, aunque sea muy pequeño, hagamos algo, una llamada, tomemos una pequeña decisión aunque no sea perfecta. El distrés nos paraliza o nos invita a huir. Por eso es tan importante moverse, hacer algo, dar un paso adelante. Un movimiento sencillo lleva un mensaje de gran impacto a nuestro cerebro: ¡YO PUEDO! Es una pena que porque haya tantas personas que piensen que lo que pueden hacer es tan poco que no vale la pena, haya tantas personas que no hagan nada.

6

La sutil chispa que enciende la pólvora

Llevo hora y media encerrado en un atasco, ¿cómo no voy a estar estresado? Llego a casa agotado y encima mi mujer, mi marido, mis hijos quieren que hable con ellos cuando lo único que me apetece es tirarme en el sofá y ver un poco la televisión.

A mí ya me llaman por el móvil incluso cuando todo el mundo sabe que estoy comiendo, y así no hay manera ni de comer a gusto ni de poder mantener con mis compañeros de mesa una simple conversación.

Llega el viernes y mi única ilusión es la de poder descansar un poco durante el fin de semana. Sin embargo, sé que tengo que dedicar unas horas a dar un empujón al proyecto que tenemos en la empresa. Además, hay que llevar a los niños a algún sitio para que practiquen algún deporte y no se pasen todo el tiempo con los videojuegos o viendo la televisión.

No me cabe duda de que en nuestra sociedad existen muchas causas por las que los hombres y las mujeres sufrimos los efectos del distrés. Hay una profunda falta de sintonía entre el tiempo que tenemos y el que querríamos tener. Hay una gran discordancia entre aquellas cosas que queremos hacer y entre las que tenemos tiempo de hacer. Por eso, si hubiera que señalar a un culpable, solo a uno, al principal, creo que nuestro dedo acusatorio lo señalaría a él, al señor Tiempo.

Tal vez algunos no estén del todo de acuerdo con esta decisión y consideren que tan culpable como el señor Tiempo, lo es la pobre comunicación que existe entre las personas, y que genera incontables momentos de tirantez. En mi opinión, ambos tendrían razón. Aun así, llegados a este punto querría establecer una distinción fundamental que nos va a permitir diferenciar la causa de algo de su origen. Y me gustaría explicarlo a través de una metáfora:

Un médico caminaba por la orilla de un ancho río. De repente empezó a oír unos gritos procedentes del agua. Alguien que se estaba ahogando pedía socorro. Aquel médico sin pensárselo dos veces se lanzó al agua y después de hacer un esfuerzo ímprobo, consiguió acercarla hasta la orilla. Mientras le prestaba asistencia comenzó a oír nuevos gritos de auxilio. Otro más, ¿cómo era posible? De nuevo se lanzó al río y salvó a aquella segunda persona. A pesar del cansancio y de los frenéticos latidos de su corazón, el médico estaba satisfecho porque había salvado dos vidas. De pronto, nuevos chillidos lo sacaron de su estado de complacencia. Un tercer individuo imploraba su ayuda desde el río. El médico que estaba exhausto no se planteó nada, simplemente se lanzó al agua y rescató a aquel hombre. Lo que en ningún momento el médico se imaginó fue la posibilidad de que hubiese alguien tirando a la gente al río.

La causa del agotamiento de aquel médico era que se pasaba el día apagando fuegos, solucionando problemas, rescatando gente. El origen del problema era que había alguien en la parte alta del río que se estaba encargando de tirar a la gente al agua. Hasta que ese médico no se las ingenie para encontrar el origen del problema, las causas de su agotamiento no desaparecerán.

A muchos de nosotros nos pasa lo que le sucedía al protagonista de nuestra historia, vamos de manera apresurada con la lengua fuera a todas partes, hasta que no podemos más. Sin embargo, qué pocas personas se paran y van más allá, qué pocos seres humanos intentan comprender el origen de su falta de tiempo y de las angustias y las tensiones que se generan en sus interacciones con los demás.

Como cada uno de nosotros podemos fácilmente reconocer y por tanto saber cuáles son las causas de nuestra tensión, de nuestro distrés, lo que urge es ir más allá y entender el origen de ese mismo distrés. Como iremos descubriendo, este tiene una apariencia múltiple.

Uno de los principales orígenes de nuestro distrés es nuestra incapacidad para decir «no» sin sentirnos culpables. El segundo de los orígenes es que con frecuencia no tenemos claras nuestras PRIORIDADES y dejamos que sean otras personas las que las decidan por nosotros. El tercero de los orígenes residiría en nuestra falta de coraje para dar la cara por nuestros VALORES. El cuarto de los orígenes es que nos cuesta muchísimo hablar con HONESTIDAD de nuestro sentir y a base de no mantener una conversación clara de forma inminente, solemos esperar a que llegue la ocasión propicia, la cual nunca acaba de llegar. Esta dificultad para expresar nuestra emocionalidad va acumulando en nuestro interior un resentimiento que a nadie ayuda. Por otro lado, si transmitimos cómo nos sentimos sin ningún tipo de cortapisas, lejos de ayudar a que se produzca un entendimiento, sucede justo lo contrario.

Para nosotros, y especialmente en ciertas culturas del mundo, decir «no» es un enorme desafío porque nos arriesgamos a ser rechazados, y cuando estamos fuera de un grupo nos sentimos muchas veces solos y perdidos. De pequeños el rechazo del grupo hubiera significado nuestra muerte y de alguna manera ese registro, esa asociación en mayor o menor medida sigue viva en nosotros.

Como muchas veces no tenemos claras nuestras prioridades, carecemos de aptitudes para distinguir en nuestro día a día aquello que nos lleva hacia donde queremos ir, de aquello que nos lleva hacia donde no tenemos interés en llegar. Pretendemos entonces que todo sea prioritario y como si todo es prioritario nada es prioritario, invertimos nuestro tiempo, ponemos vida en muchas cosas que por ser intrascendentes, dejan que poco a poco muera la ilusión y con ello la alegría de sentirnos vivos. Hemos de reflexionar sobre qué va a ser prioritario y qué no lo va a ser en ese tesoro tan hermoso que es nuestra vida.

Los valores que guían nuestra existencia los ven los demás no por lo que decimos, sino por cómo actuamos, ya que al fin y al cabo nuestra vida es nuestro mensaje. El hecho de decidir qué va a ser valioso para nosotros nos lleva a descubrir aquello que se convierte en prioritario y nos da la fortaleza para saber decir que «no» a algo que sin ser valioso ni prioritario nos pide no solo tiempo, sino que también hace que nos olvidemos de todo aquello que paradójicamente daría el verdadero sentido a nuestras vidas.

Recuerdo muy bien lo que comentó un directivo durante un curso. Al parecer estaba tan ocupado con el trabajo que prácticamente no veía a su familia. Estaba casado y tenía dos niños de corta edad. Una noche al regresar a casa su mujer le dijo que no podían seguir así, y él le prometió que al día siguiente, que además coincidía con el cumpleaños de uno de los niños, llegaría antes a casa y los llevaría a cenar a un restaurante para celebrarlo.

Llegó el momento y el directivo cumplió su promesa y efectivamente llegó antes a casa, a las nueve de la noche. Su mujer y sus hijos estaban listos para salir cuando sonó el móvil. Quien lo llamaba era su director general, que le urgía a tener inmediatamente una reunión en su despacho. El directivo preguntó alarmado qué es lo que había pasado. Su jefe le contestó que no se asustara, que no había pasado nada grave, pero que dada la situación del mercado internacional era fundamental que se vieran. En aquellos momentos difíciles, el hombre miró a los ojos de su mujer y de sus hijos y le contestó: «Mira, tengo un compromiso de tal naturaleza que no lo puedo romper, aun así te ofrezco que nos veamos en lugar de a las nueve y media, que es cuando llegaría a la oficina, dos horas después».

Aquel hombre calculaba que ese era el tiempo que necesitaba para poder cenar con su mujer y sus hijos. Lo interesante es lo que ocurrió después de aquella conversación. Se produjo un silencio al otro lado del teléfono y su director general le contestó que entonces mejor dejaban la reunión para el día siguiente.

Si queremos avanzar hacia otra realidad en lo que se refiere a salud, eficiencia y bienestar, comencemos a trabajar para definir mejor esa escala de prioridades que tal vez ahora no tenemos demasiado clara. Descubramos qué es aquello que de verdad valoramos y que vamos a ver reflejado en las personas que más admiramos. En aquellas formas de ser que más nos inspiran.

Cerremos nuestros ojos, usemos nuestra mente y percibamos cómo sería nuestra existencia si el velero de nuestra vida navegara siguiendo el rumbo que marcan nuestras prioridades y las velas las impulsara el viento de nuestros valores.

7

La sombra de la muerte

Cuando yo tenía algo más de 20 años, se me presentó la oportunidad de hacer un safari fotográfico por la selva del Amazonas en Perú. Para mí, aquella selva había tenido desde mi infancia un atractivo indescriptible. Me había comprado muchos libros para conocer la sorprendente fauna de aquella vastísima región. Incluso me había en parte familiarizado con algunas de las tribus que viven en el Amazonas como los jíbaros, conocidos por ser los que envenenan las flechas de sus cerbatanas con curare, sustancia que luego tanto ha servido en el mundo de la anestesia para producir fármacos capaces de generar relajación muscular. Sin el curare no resultaría nada fácil llevar a cabo intervenciones como por ejemplo las referentes al aparato digestivo, que exigen, simplemente para poder hacer en primer lugar la incisión y después la sutura de la pared abdominal, una gran relajación de la musculatura correspondiente.

Siempre me ha llamado la atención que uno de los grandes depredadores del Amazonas, el jaguar, tuviera una musculatura que rodease su mandíbula tan poderosa. El jaguar tiene tal potencia en su maxilar que de un mordisco puede partir un cráneo.

Habíamos cogido un avión que nos llevó desde Lima, la capital de Perú, hasta Iquitos, donde existe un aeropuerto en medio de la selva. Allí cogimos la embarcación que nos llevaría corriente abajo por el Amazonas, un río con una envergadura de treinta kilómetros en su parte más ancha. En aquel momento tuve la primera de las sorpresas inesperadas con las que me iba a encontrar. El viento empezó a cambiar y el cielo se encapotó y de repente se empezaron a formar unas olas de tal tamaño que me daba la sensación de que no estábamos en un río, sino en el mar. Tan pronto como nos recuperamos del susto y del mareo, llegamos a nuestro campamento al que se accedía a través de un pequeño riachuelo. Sentía una enorme alegría y me parecía increíble estar allí; por fin mi sueño se hacía realidad. Estábamos rodeados de inmensos árboles y una pareja de ararauna, una especie de guacamayos de color azul y amarillo, revoloteaban por allí. El jefe del campamento nos dio la bienvenida y nos advirtió de que tuviésemos especial cuidado con las serpientes venenosas porque eran muy frecuentes en esa zona. Para evitarlas teníamos unos palos muy largos, de unos dos metros de longitud, con los que teníamos que ir golpeando el suelo a medida que avanzábamos con el fin de espantarlas. El afán de aventuras hizo que en pocos minutos nos reuniéramos tres personas para inspeccionar los alrededores, por supuesto, acompañados de nuestros respectivos palos. No tardaría mucho en darme cuenta de que la ignorancia es atrevida.

La primera incursión tuvo como escenario un camino de arena que seguía la ribera del afluente del Amazonas cerca del campamento. Había empezado a anochecer y nosotros tres, junto a un capibara, un roedor de unos treinta kilos que era la mascota del campamento, caminábamos alegremente como si fuéramos por el parque del Retiro en Madrid. Al pasar junto a las hojas inmensas de una platanera, salió de ellas un rugido seco, penetrante, de una rudeza difícil de describir y con una sonoridad que me llegó hasta el alma. Sentí cómo el corazón me latía con tal fuerza que era como si alguien desde dentro estuviera golpeando mi pecho y exigiese que mi caja torácica se abriera como una puerta. Me quedé tan paralizado que creo que ni el curare de los jíbaros hubiese tenido un efecto mayor. Aquel instante se me hizo eterno y tuve la sensación física de que iba a morir. Después de aquel espeluznante rugido hubo un silencio como el que sigue al estruendo de un trueno en plena tempestad. En aquel momento, que francamente no sé lo que duró, tomé conciencia de que no estaba solo, el capibara había desaparecido, pero mis dos amigos estaban junto a mí tan paralizados y tan inmóviles como yo. Entonces en un hilo de voz me salió una pregunta: «¿Qué hacemos?». Mi amigo Óscar, quien tenía más experiencia porque su padre había sido un gran aventurero, dijo con una voz a la vez suave y firme que lo que había que hacer era seguir andando. Reanudamos la marcha y entonces fui consciente del peso que sentía en las piernas. Avanzamos como si quisiéramos ignorar la existencia de la platanera y lo que en ella acechaba, algo así como cuando dejas de mirar a alguien que te observa y piensas que por ello deja de verte. Al final llegamos a un lugar donde nos pudimos relajar un poco. Estábamos ya en plena oscuridad y era preciso que volviéramos al campamento, lo que implicaba pasar de nuevo junto a la platanera. El paso fue indescriptible porque, aunque nada rugió ni se movió fuera de nosotros, dentro de nosotros todo se conmovió. No dijimos nada a nadie hasta el día siguiente de nuestra odisea particular, tras lo cual el jefe del campamento se dirigió a nosotros y nos llamó de todo, desde irresponsables hasta lunáticos, si bien a él también se le había olvidado mencionar cuando llegamos al campamento que había un grupo de naturalistas siguiendo la pista de un esquivo jaguar que había por allí.

Hace muchos años fue cuando tuve la experiencia que pudo haberme costado la vida por mi ignorancia e insensatez. Hoy me gustaría hacer una reflexión que me ha llevado a un pequeño descubrimiento.

Lo que viví en la selva del Amazonas es, como ya conocemos, una reacción de estrés, y como consecuencia de dicha reacción se produce un cambio impresionante en las hormonas que circulan por la sangre. Es como si hubieran descargado cubos enteros de adrenalina, noradrenalina y cortisol. La adrenalina y la noradrenalina son hormonas que invitan a la lucha, al enfrentamiento, a encarar el peligro o cuanto menos una situación incierta. El cortisol, también llamado comúnmente hormona del miedo, invita a la parálisis o a la huida. En mi sangre aquel día reinaba el cortisol y por eso me quedé paralizado. Mi estado no era de miedo, sino de pánico. Algunos animales como los jaguares conocen este tendón de Aquiles en los mecanismos del estrés y son capaces de dejar paralizado a un animal con un simple rugido.

Lo más interesante y relevante que quisiera compartir aquí es que en nosotros, las personas de este siglo, es nuestra forma de pensar, nuestra mentalidad la que de por sí tiene la capacidad de seleccionar uno de los dos mecanismos para que sea el que más se active. Ante la incertidumbre, lo desconocido, lo impredecible, sea una enfermedad o una opa, los dispositivos del estrés se van a poner en marcha, lo que pasa es que el dominante va a depender en gran medida de cómo afrontemos la nueva situación. Si lo hacemos con una sensación de miedo y desesperanza porque no nos creemos capaces, activaremos el mecanismo de distrés que nos impedirá efectivamente que lo seamos. Sin embargo, si a pesar de la incertidumbre, en lugar de dejarnos llevar por el pánico y la rumorología, buscamos información, nos apoyamos en nosotros mismos y nos concentramos en lo que podemos llegar a ganar en lugar de lo que podemos perder, entonces se activará el mecanismo del eustrés que nos va a ayudar a descubrir posibilidades y a ver oportunidades que para aquellos que entran en distrés permanecerán veladas. Las personas hemos sido adiestradas para buscar la seguridad y la certidumbre, y por eso creamos nuestro futuro con predicciones que parten del pasado, prefiriendo lo pequeño, siempre que sea predecible, que lo grande si es impredecible. No jugamos a ganar, simplemente jugamos a no perder, y es esta mentalidad la que de verdad crea el juego. Nos obsesionamos en defender la idea de lo que somos en lugar de arriesgarnos a descubrir la imagen de aquello que podríamos llegar a ser. La mayor parte de nuestras inseguridades y de nuestras desesperanzas no son reales, son aprendidas. Hemos sido condicionados para crear una imagen de nosotros mismos y vivir de acuerdo a esa imagen. Nosotros no vivimos al nivel de nuestros talentos, sino al de nuestras creencias. Por eso al final, el determinante fundamental del logro en medio de la incertidumbre no es lo inteligentes que seamos, ni los conocimientos que poseamos, sino la mentalidad que se elija. El doctor Davidson, una de las mayores autoridades en neuroimagen en el mundo, ha puesto en evidencia hasta qué punto nuestra manera de pensar afecta a la forma en la que opera físicamente nuestro cerebro.

Una vez dentro de las cámaras de resonancia funcional magnética que permiten saber qué partes del cerebro se activan cuando pensamos, sentimos o hablamos, los voluntarios se dedicaron a mantener pensamientos negativos y a enfocarse de manera sostenida en algo que les era desagradable. En el momento en el que esas conversaciones internas aparecieron, la zona prefrontal derecha, situada a la altura del ojo derecho, empezó a activarse de forma clara. A continuación se activó una zona muy próxima que se denomina cíngulo anterior y cuyo funcionamiento ha sido muy bien descrito por el neurólogo Antonio Damasio. Vamos a pararnos unos instantes para aclarar lo que estas observaciones revelan. En el área prefrontal derecha se genera el pensamiento y en el cíngulo anterior el sentimiento, es decir, que lo que esos voluntarios pensaban que les desagradaba inmediatamente se convirtió en algo que ellos sentían que les disgustaba. Es muy diferente pensar, por ejemplo, que no somos capaces de lograr algo a sentirnos incapaces. Los sentimientos afectan al inconsciente y esta parte de nuestro entendimiento juega un papel crucial a la hora de conseguir nuestros objetivos o simplemente de sentirnos incapaces de alcanzarlos.

El cíngulo anterior tiene una conexión directa con los núcleos amigdalinos situados en los lóbulos temporales del cerebro, a la altura de las orejas. En estos núcleos amigdalinos se encuentran los núcleos de la ira y el núcleo central del miedo. Su activación activa el hipotálamo, que es como una bomba que segrega una serie de mensajeros químicos, y que además activa el sistema de alarma del cuerpo, denominado sistema nervioso simpático. Si recapitulamos un poco nos daremos cuenta de que una forma negativa de pensar no se queda ahí, sino que es capaz de activar estructuras físicas que ponen en marcha la reacción de alarma en un ser humano, el mismo tipo de reacción que se pone en marcha ante un peligro físico, como puede ser la presencia de un depredador. El hipotálamo, a su vez, con sus mediadores químicos y a través del sistema nervioso simpático, activa las glándulas suprarrenales que se encuentran encima de los riñones, y estas segregan adrenalina, noradrenalina y cortisol. Cuanto más miedo tengamos, más cortisol segregaremos. Este último, segregado de forma continua interfiere con los hipocampos, que son dos estructuras situadas detrás de los núcleos amigdalinos. Los hipocampos son esenciales al menos en tres cosas: la primera es que cualquier nueva experiencia la registramos gracias a ellos; la segunda es que para aprender algo, salvo destrezas motoras, ellos son la clave y la tercera es que recientemente se ha descubierto que la buena salud de nuestros hipocampos es muy importante para experimentar la alegría de vivir. No es de extrañar que las personas que están sumergidas en una profunda y sostenida depresión presenten una reducción significativa del tamaño de sus hipocampos.

Cuando el cortisol se mantiene a unos niveles elevados por una reacción de alarma sostenida, empieza a dañar primero las ramificaciones de las neuronas del hipocampo, y a continuación se produce la muerte neuronal. Por eso cuando una persona que está en una situación de depresión empieza a hacer ejercicio físico, a tener más vida social, a introducir paulatinamente el humor en su vida, puede experimentar un aumento del grosor del hipocampo. El ejercicio físico, el humor y la interacción social liberan hormonas, como la oxitocina y la beta endorfina, que reducen los niveles de cortisol en la sangre. El Instituto Salk en La Joya, un elegante barrio de San Diego, ha demostrado que las neuronas del hipocampo que mueren se pueden regenerar a partir de las células madre procedentes de las cavidades del cerebro llamadas ventrículos. Desde allí emigran hasta los hipocampos y empiezan a desarrollar las proyecciones que necesitan para conectarse con otras neuronas. La neurogénesis, que es como se denomina a este proceso, solo puede tener lugar si los niveles de cortisol no son altos. Resulta tremendamente alentador que las personas seamos capaces de generar entre quinientas y mil neuronas diarias, neuronas claves para experimentar alegría, para aprender y para recordar y que, para ello, una de las cosas que podemos hacer es fijarnos en lo positivo de la vida en lugar de mantenernos absortos en todo aquello que nos disgusta.

Cuando sintamos miedo ante lo desconocido, el peligro o la simple incertidumbre, la primera de las estrategias que podríamos emplear sería la de no enfocarnos en lo que podemos perder, sino en lo que podemos llegar a ganar. Aunque resulte paradójico, al actuar así no solo descubrimos cosas que ni se nos habían pasado por la cabeza, sino que además vemos con mayor nitidez lo que podemos perder y nos preparamos para afrontarlo.

La segunda sería dedicar unos momentos al día a reflexionar sobre aquellas ocasiones en las que frente a los desafíos y la incertidumbre hemos sido capaces de encontrar el camino para lograr el éxito. Muchas veces nuestra atención ha sido secuestrada por un mundo de ideas, imágenes y sensaciones no solo negativas, sino además profundamente disfuncionales. Cuando rescatamos nuestra atención y la dirigimos para buscar lo positivo, la experiencia emocional que se crea nos ayuda a ser mucho más eficientes en nuestro día a día.

8
Mover el cuerpo para potenciar la mente

En el capítulo anterior hablé de la importancia que tiene el ejercicio físico para reducir los niveles de cortisol en sangre y para favorecer la neurogénesis a nivel del hipocampo. Vamos a adentrarnos con mayor hondura en los efectos beneficiosos del ejercicio físico porque hoy en día nos hemos vuelto personas muy sedentarias que cogen el coche hasta para desplazarse entre dos sitios cercanos. Nuestro cuerpo es un cuerpo del paleolítico y por eso nuestras necesidades físicas actuales son las propias de un cuerpo de ese periodo histórico. En el paleolítico los hombres caminábamos una media de 25 kilómetros diarios y las mujeres una media de 19. No cabe duda de que la inercia y la pereza son dos de los mayores lastres que con tanta frecuencia arrastramos. Salvo aquellas personas que practican un deporte con verdadera afición y pasión y aquellas que han descubierto por sí mismas los efectos beneficiosos del ejercicio físico, el resto pensamos en el ejercicio físico como una pesada carga que no es nada apetecible de llevar. Aunque solemos buscar como excusa la falta de tiempo, esto no es más que un hábil autoengaño. Nunca vamos a encontrar tiempo para algo que no veamos como una prioridad. Cuando algo no lo vemos como una prioridad y encima no nos apetece hacerlo, pues simplemente no lo hacemos.

Voy a contar una historia que le ocurrió a una mujer que estaba diagnosticada de diabetes tipo II, que es la diabetes del adulto. Se trataba de una mujer joven, madre soltera y que tenía un marcado sobrepeso. La mujer trabajaba de sol a sol para poder sobrevivir y darle a su hija el mejor tipo de vida que fuera posible. Los médicos le habían dicho en varias ocasiones que tenía que hacer ejercicio físico, no solo para controlar su peso sino también para controlar su diabetes. La mujer siempre explicaba que con el tipo de vida que llevaba no podía dedicar tiempo a realizar ejercicio físico. Un día, en una de las visitas médicas de control, además del médico habitual, había también un psicólogo. El médico le volvió a indicar que tenía que hacer una hora de ejercicio físico todos los días. Ella repitió lo mismo de siempre, que no tenía tiempo. Entonces el sagaz psicólogo intervino:

—¿Tendría tiempo para practicar ejercicio físico durante un minuto al día?

—¿Solo un minuto? —preguntó la mujer.

—Sí, solo un minuto.

—Pero ¿de verdad cree que un minuto puede hacer algo?

—No es que lo crea, es que lo sé con certeza —contestó el psicólogo.

La mujer empezó a practicar ejercicio físico un minuto al día. Al cabo de unos días aquel minuto se extendió a cinco minutos. A medida que la mujer se sentía mejor, comenzó a hacer ejercicio más tiempo, hasta que finalmente acabó realizando ejercicio durante una hora todos los días. Este tiempo de dedicación al ejercicio físico era algo que había roto en ella los límites de lo que le parecía razonable y posible. Como consecuencia de la práctica de este ejercicio regular, la mujer bajó de peso y pudo controlar mejor su diabetes. También mejoraron su estado de ánimo, su sentido del humor, su nivel de energía y el nivel de eficiencia en su trabajo.

Cada uno de nosotros podemos encontrar una razón de suficiente peso para poner en marcha un programa estable de ejercicio físico. Es por eso por lo que puede resultar interesante que comentemos cuáles son los beneficios que se atribuyen a la práctica del ejercicio físico y en qué se sustentan tales beneficios.

No se puede entender cómo funciona nuestro cerebro si no se comprende la interacción de este con el resto del cuerpo. Sabemos que la información que va del cerebro al cuerpo es bidireccional; esto quiere decir que al igual que van mensajes del cerebro al cuerpo, también vuelven mensajes del cuerpo al cerebro. Si nosotros estamos contentos, lo normal es que sonriamos. Sin embargo, si nosotros no estamos contentos y comenzamos a sonreír y mantenemos la sonrisa durante un cierto tiempo, nos daremos cuenta de que empezamos a sentirnos un poco más alegres y contentos.

Cuando somos presa de la ansiedad, también notamos cómo nuestra respiración se hace más rápida y superficial. Además, si nos fijamos nos daremos cuenta de que los músculos que más estamos utilizando para respirar son los músculos intercostales. Si de manera consciente elegimos empezar a respirar de forma más lenta y profunda utilizando el diafragma, entonces experimentaremos cómo la ansiedad se reduce e incluso desaparece por completo. Esta es una estrategia que utilizan profesionales como actores, músicos o pilotos de aviones de combate para controlar su tensión interior y evitar que esta se desborde.

Respecto a la práctica habitual del ejercicio físico, se sabe desde hace tiempo que reduce la posibilidad de tener una muerte prematura. También sabemos que el ejercicio físico regular mejora la función cardiovascular, y esto hace que sea más improbable que padezcamos un infarto de miocardio o un infarto cerebral. Además, el ejercicio físico regula el metabolismo, y por eso es tan importante por ejemplo en el control de algunas enfermedades como la diabetes. Un estudio que se llevó a cabo con personas excepcionalmente longevas en lugares como Okinawa, Cerdeña y Costa Rica demostró que el ejercicio físico practicado de una manera regular era uno de los elementos claves para reducir el deterioro del organismo y alargar la vida.

Me imagino que para algunas personas, aquellas que están convencidas de que los genes lo determinan todo, ha de resultar difícil de creer que ciertos cambios en la forma de vida puedan tener un impacto tan marcado en la manera en la que envejecemos. Sin embargo, los hallazgos de la epigenética nos invitan a reflexionar sobre si estas creencias que hemos tenido durante tanto tiempo no solo nos limitan profundamente, sino que además son falsas.

Lo que tal vez sea menos conocido es el impacto que el ejercicio físico tiene en nuestro cerebro y en la función mental. Esto es sorprendente y además hay muchos estudios que hacen referencia a esta interesantísima relación. Ya en la antigüedad hablaban de «mens sana in corpore sano». En la Academia de Platón, la cuna del conocimiento de Occidente, la gimnasia era una actividad que se consideraba esencial para el cultivo adecuado de la persona.

Hay estudios que muestran que el ejercicio aeróbico, el cual produce un aumento de la frecuencia cardiaca y de la frecuencia respiratoria, tiene una clara influencia beneficiosa en la mejora de la capacidad mental. Correr, andar deprisa, montar en bicicleta o nadar mejoran la atención, la capacidad de razonamiento, la memoria y la velocidad de aprendizaje. Sabemos que basta una práctica de treinta minutos diarios cinco veces a la semana para que algo empiece a suceder en nuestro cerebro. Los primeros efectos en la capacidad mental pueden observarse aproximadamente al cabo de un mes. Recordemos además que el ejercicio físico aeróbico ayuda a regular el estado de ánimo, propiciando que seamos más alegres y positivos y que nos afecten menos los reveses de la vida. Actualmente, al igual que los suplementos de omega 3, el ejercicio físico se considera de una gran importancia para devolver el ánimo a personas que han caído en una depresión.

El ejercicio físico favorece que se eleven los niveles de cinco neurotransmisores cerebrales de excepcional importancia en la salud y en el bienestar emocional. Dos de estos neurotransmisores, la oxitocina y la beta endorfina, ya fueron mencionados en el capítulo anterior. Los otros tres neurotransmisores que se liberan durante el ejercicio físico aeróbico son la serotonina, la dopamina y la noradrenalina. La serotonina que procede del metabolismo de un aminoácido llamado triptófano (la serotonina es la 5- hidroxitriptamina) es esencial para conservar el estado de ánimo. La dopamina resulta de gran importancia para sentirse motivado y la noradrenalina es fundamental para mantenernos atentos y alerta.

Hoy afortunadamente sabemos que el cerebro tiene una gran plasticidad y que esta cualidad intrínseca del cerebro, aunque es más intensa cuando somos pequeños, dura toda la vida. Es conocido que dentro de la neuroplasticidad podemos considerar tres tipos: los cambios en los receptores de la membrana neuronal, la creación de nuevas conexiones entre las neuronas y la génesis de nuevas neuronas a partir de células madre. El ejercicio físico tiene una influencia positiva en estos tres tipos de neuroplasticidad y, por tanto, el ejercicio físico constituye uno de los elementos más importantes para favorecer la neuroplasticidad. El ejercicio físico es además uno de nuestros mejores recursos para protegernos de los efectos negativos de la toxicidad emocional. Este dato adquiere especial relevancia cuando estamos inmersos en un entorno marcado por el desánimo, la crispación y la sensación de impotencia.

Nos toca ahora revisar de qué manera el ejercicio físico aeróbico favorece, como hemos señalado, dicha neuroplasticidad. En primer lugar, el ejercicio físico produce un aumento de óxido nítrico en el cerebro. El óxido nítrico, además de ser un neurotransmisor que utilizan las neuronas para comunicarse entre sí, favorece la circulación cerebral. Gracias a esto puede incrementarse el aporte de nutrientes y elementos de construcción que son necesarios para fabricar nuevas conexiones neuronales. Además, el ejercicio físico facilita la liberación de neurotrofinas a nivel cerebral. Las neurotrofinas son factores de crecimiento que sirven para proteger a las neuronas, para que se formen nuevas conexiones entre ellas y para que se active la neurogénesis o formación de nuevas neuronas a partir de células madre. Las neurotrofinas fueron descubiertas por los investigadores Stanley Cohen y Rita Levi-Montalcini. Ambos recibieron el Premio Nobel de Medicina y Fisiología en 1986. Rita Levi-Montalcini murió en el año 2012 a la edad de 103 años.

Es precisamente en una estructura que ya conocemos y que es el hipocampo, y en concreto en una región del mismo llamado el giro dentado, donde las neurotrofinas o factor de crecimiento neural dejan ver mejor sus efectos. Es muy importante recalcar que el BDNF, el factor neurotrófico derivado del cerebro, especialmente abundante a nivel del hipocampo, experimenta una caída en su producción durante el estrés crónico. Se sabe que los niveles de cortisol pueden ser muy elevados en el estrés crónico y que esta elevación puede bloquear el gen generador de BDNF a nivel del hipocampo. El cortisol penetra en la célula, se une a un receptor intracelular y bloquea la expresión del gen. Es por esto que a cualquier persona que trabaje en el mundo de la educación ha de interesarle no solo lo que el alumno sabe, sino sobre todo, lo que el alumno siente. Toda persona que se sienta incompetente para aprender se sentirá superada por eso que tiene que aprender. Si el profesor no le transmite la fe que tiene en sus posibilidades ni su apoyo, ese alumno se irá bloqueando cada vez más. En esos momentos, lo que el profesor ha de lograr es que el alumno tenga la sensación de que controla algo. La sensación de que no se controla nada genera una profunda y dolorosa sensación de impotencia. Recordemos que la falta de producción de BDNF hace que las neuronas pierdan estabilidad, con lo cual van perdiendo sus dendritas, que es por donde reciben la información, y que también pierdan sus axones, que es por donde ellas envían sus mensajes a otras neuronas. Al final de este proceso se produce la muerte de la propia neurona. Además de esta pérdida de conexiones se para por completo la neurogénesis, ese proceso del que ya hemos hablado y que permite que se formen nuevas neuronas a partir de células madre. La sensación permanente de impotencia puede acabar en una depresión. Por eso, no es de extrañar que en la depresión se haya comprobado mediante la técnica de resonancia magnética una reducción en el tamaño del hipocampo. Podemos por tanto concluir que uno de los elementos clave en el aprendizaje es la estabilidad emocional fruto de la percepción de que se tienen suficientes recursos para hacer frente a los desafíos que uno encuentra en su camino. Por todo ello, cuidar el clima emocional en casa, en el centro de estudio y en la empresa es algo vital si se quiere potenciar el aprendizaje. Sabemos que afortunadamente el hipocampo es una estructura plástica y que por tanto puede recuperarse y volver a funcionar con normalidad, siempre que se generen las condiciones adecuadas para ello.

Hay además algunos estudios que apuntan a que el ejercicio físico podría reducir de una manera muy significativa tanto la posibilidad de padecer una demencia senil como una enfermedad de Alzheimer.

9

Es usted mucho más fuerte de lo que cree

He leído y he conocido diversos casos en los que las personas han demostrado tener una fuerza física muy superior a la que creían poseer. En algunos de estos casos, ha quedado bien patente que dicha fuerza física era la consecuencia de una resistencia mental que se había puesto en marcha con anterioridad. Digamos que cuando la motivación, la determinación y el compromiso se activan, el resto de las facultades mentales y físicas también lo hacen.

Hace bastantes años nos invitaron a Paco, un amigo, y a mí a una capea. Aunque nunca me han atraído demasiado esa clase de eventos, y movido tal vez por la gran amistad que me unía a él, decidí acompañarlo con la esperanza de pasar al menos un día agradable y divertido.

Una vez allí me posicioné detrás del burladero, ya que me parecía un lugar seguro. Entonces soltaron a la vaquilla. Los primeros valientes salieron a torearla y más de uno acabó siendo zarandeado por el aire. Yo, que estaba escondido detrás del burladero, me preguntaba cómo había gente tan insensata que se atreviera a salir al ruedo. De repente vi que Paco, que estaba conmigo en el burladero, contagiado sin duda por aquella alegría colectiva, se lanzaba al ruedo con la intención de agarrar uno de los extremos del capote que otro de los improvisados toreros sostenía. Según lo ve la vaquilla, va a por él, lo lanza por los aires y empieza a embestirlo en el suelo. En aquel instante sentí como si por una parte alguien me sacara bruscamente del burladero y por otra como si la vaquilla me atrajera con una fuerza magnética desconocida. El caso es que me lancé sobre ella y la agarré por el pescuezo mientras hacía con mis brazos un nudo alrededor de su cuello. Perdí por completo la noción del tiempo hasta que oí una voz que decía: «Suéltala que ya está a salvo tu amigo». Entonces me di cuenta de que dos personas estaban sujetando la vaquilla por los cuernos y fui consciente de la fuerza con la que estaba apretando el cuello del pobre animal. Terminada la capea me fijé en que la gente me miraba mucho, tal vez sorprendidos de que alguien como yo, que no era demasiado fuerte, hubiera sido capaz de mantener inmóvil a un animal como aquel durante unos minutos. De vuelta en Madrid, me despedí de mi amigo Paco y me fui a casa a dormir. Al día siguiente cuando me desperté noté que el brazo izquierdo, justo con el que había hecho más presión para sujetar a la vaquilla, me dolía bastante y al quitarme la parte superior del pijama vi que tenía un hematoma que me recorría desde el hombro izquierdo hasta la muñeca izquierda.

No me cabe duda de que el hombre valeroso que se lanzó al ruedo y se enfrentó a aquel animal era alguien diferente al acobardado que estaba detrás del burladero, y es que cuando cambiamos nuestra identidad también modificamos nuestro comportamiento y nuestros logros.

Para mí esto es una metáfora de lo que es la vida misma. Muchas veces ante los peligros, los problemas, los obstáculos nos amedrentamos y nos escondemos en nuestros burladeros personales, con los que ya estamos familiarizados. No somos protagonistas de la vida, sino que simplemente la vemos pasar. Examinamos nuestras emociones y es nuestro propio miedo el que nos hace ver su superación como algo no solo inaccesible, sino también utópico. Desde nuestra posición contemplamos a algunos que salen a «torear» los problemas y comprobamos que aunque algunos salen en hombros de la plaza, otros no salen tan bien parados. Es a partir de aquí donde encontramos todas las excusas que necesitamos para permanecer en nuestros cómodos burladeros, donde sabemos que estamos seguros y sobre todo donde encontramos la justificación para no dar un paso adelante. A mí lo que me sacó del burladero no fue ni un razonamiento sofisticado ni una inesperada valentía. Lo que me sacó del burladero fue el cariño hacia un amigo al que vi en peligro. Fue ese afecto el que me dio la motivación para salir, para olvidarme de mí y pensar solo en el otro. Sé que a lo mejor quienes me vieron lo consideraron como un signo de valentía. Si hubieran pensado eso, sería porque no conocían al ser que estaba detrás del burladero. En mi opinión, frente a los problemas, los obstáculos y los desafíos que la vida nos presenta, la clave para determinar si seremos capaces de afrontarlos o no no se encuentra ni en la emoción que sentimos frente al problema, y que muchas veces no es otra que el miedo, ni en la percepción de nuestros recursos aparentes de la fuerza que en nosotros percibimos. Para mí el secreto está en la motivación que sentimos, en el compromiso que nos hace inmunes al desaliento. Es en la parte del cerebro llamada sistema límbico o cerebro emocional donde está el motor que cuando se activa propulsa nuestro intelecto y nos lanza a la acción. Por eso, el logro muchas veces está más relacionado con el corazón que ponemos en las cosas que con nuestra inteligencia aparente o el conjunto de nuestros conocimientos. Para transformarnos en individuos que se mantengan fuera del burladero no necesitamos ser más inteligentes y sí más comprometidos, y es que nuestra verdadera fuerza no sale cuando nos centramos en nosotros mismos, sino cuando lo hacemos en los demás. También creo que para transformarnos en seres que estén fuera del burladero no necesitamos angustiarnos tanto con lo que podemos perder y sí ilusionarnos más con lo que seremos capaces de ganar y con lo que podemos lograr.

Recordemos a Joseph Campbell y cómo se aplica esta experiencia al camino del héroe que él tan magistralmente describió. Cuando un individuo se encuentra en su zona de comodidad —en mi caso, detrás del burladero— y de repente escucha una llamada —en este caso el grito silencioso de un amigo que pide ayuda—, este no pretende ignorar la llamada, sino que la oye y la acepta, y entonces ha de entrar en un mundo incierto, donde nada o casi nada es predecible. En él ha de enfrentarse a los «demonios», en mi caso representado por la vaquilla, y en medio del enfrentamiento aparecen ángeles que de manera inesperada acuden en su ayuda y que en mi caso fueron aquellas dos personas que tuvieron la generosidad de salir y agarrar a la vaquilla por los cuernos para que yo pudiera ponerme a salvo. Lo interesante según Campbell y según mi propia experiencia es que después de ese viaje uno ya no es el mismo, sino que ha sufrido una transformación y esta transformación le sitúa fuera de los límites de lo razonable y le permite lograr lo que se propone.

Hace un cierto tiempo me enteré de que uno de los hospitales más prestigiosos del mundo estaba buscando cirujanos para un centro de referencia en toda Europa. Por una serie de sorprendentes caminos, mi currículo fue seleccionado y un buen día me llamaron y me citaron para una entrevista. Me presenté bastante tranquilo y relajado y quien me llamó me invitó a entrar en un cuarto con el jefe de Cirugía, el jefe de Anestesia y el internista encargado del proyecto. Fueron sumamente amables y me hicieron muchas preguntas, algunas de carácter puramente médico y otras de tipo más personal. Finalizada la entrevista se despidieron de manera muy afectuosa.

Pasó cierto tiempo y como no tenía noticias llamé al director del nuevo hospital para ver si sabía algo. Simplemente me pidió que fuera a verlo. Cuando estuve con él en su despacho, hizo una serie de amables comentarios y me enseñó un papel para que lo leyera y si me parecía bien, lo firmara. Mi corazón latía con fuerza, pensé que eso significaba que me habían elegido como uno de los cirujanos del hospital. De repente vi que lo que me ofrecían era ser el jefe del departamento de Cirugía del nuevo hospital. Mi alegría se transformó en miedo. Empecé a pensar que se habían equivocado, que yo no estaba suficientemente capacitado, que era demasiado joven, que seguro que había gente mucho más preparada que yo. Entonces me paré en seco y decidí salir del «burladero». Si ellos confiaban en mí, era triste que yo no lo hiciera. En el momento en el que firmé empecé a ser alguien diferente, comencé a pensar en el equipo que íbamos a crear, en las posibilidades que se iban a abrir. Cuando la mente se estira por una nueva posibilidad, nunca vuelve a sus dimensiones originales. Gracias a aquella decisión pude tener unas experiencias que me permitieron crecer y evolucionar, y conocí a personas que nunca hubiera conocido. Ha pasado el tiempo y cuánto me alegro de la decisión. A lo largo de nuestra vida se van a presentar ocasiones que van a desafiar la definición y la imagen que hemos hecho de nosotros mismos para entrar en contacto y acercarnos más a la verdadera realidad de lo que somos. Quedarnos atrapados en el miedo es privarnos de la posibilidad de crecer y evolucionar, y de transformarnos en aquello que nunca creímos posible.

En una universidad tuve una profesora que había enseñado a los indios navajos en Nuevo México. De ellos asimiló muchas cosas que no pertenecen tanto al mundo de los conocimientos como al de la sabiduría. Entre todo lo que aprendió, hay una historia que al parecer se viene transmitiendo generación tras generación y que refleja la forma en la que ese pueblo se relaciona con la vida:

«Mi interior es un campo de batalla. Por una parte está el águila majestuosa, todas sus acciones están llenas de verdad, de bondad y de belleza. El águila que vive en mí vuela por encima de las nubes y aunque a veces baja a los valles, siempre deposita sus huevos en la cima de las altas montañas. Pero dentro de mí también vive un terrible lobo, él representa mis bajezas, se sustenta sobre mis propias caídas y justifica su presencia cuando dice que él también es parte de mí. El águila y el lobo luchan por extender su dominio a mis entrañas. ¿Quién ganará esta gran batalla?, aquel a quien yo cada día alimente».

Ante los desafíos que la vida nos presenta no podemos pensar que solo tenemos las fuerzas y las capacidades que creemos conocer. Preparémonos con entusiasmo para descubrir lo que somos en realidad y aquello que podemos lograr y llegar a crear. Que nuestro punto de referencia no sea nuestra supuesta inteligencia o nuestros conocimientos aparentes, sino la fuerza de nuestro compromiso. Jamás fracasaremos si nuestra determinación por triunfar es lo suficientemente grande. El único fracaso es la incapacidad de no aprender de las caídas y de no levantarnos siempre una vez más a pesar de los descalabros. Somos nosotros, con nuestra forma tan dura de juzgarnos, quienes convertimos las caídas en simples agujeros, en caídas dentro de tumbas. Si habláramos a los demás como lo hacemos a nosotros mismos, probablemente no tendríamos ni un amigo.

Tras una caída, no hay que mirar al suelo, sino al horizonte que hemos marcado para nuestra existencia, esa ilusión que nos llama a levantarnos y a proseguir nuestra marcha a lo largo de ese camino de transformación que es la vida.

10

Furia

Cuando yo era pequeño, había un cómic que me encantaba. Se llamaba *Furia* y era la historia de un precioso caballo negro azabache que era el líder de una manada. Los pequeños potros aprendían de él, sus enseñanzas siempre les servirían a medida que fueran creciendo y ganaran responsabilidad dentro de la manada. En una ocasión, tuve la oportunidad de ver un caballo que me recordó a *Furia* y gracias a él aprendí una preciosa lección.

En aquel entonces formaba parte del profesorado en un curso sobre la gestión de las emociones. La parte con la que terminé la primera sesión, que tenía lugar por la mañana, fue la enseñanza de una técnica de relajación sencilla que aprendí de un médico con el que estuve en Boston, el cual a su vez la había adquirido de los monjes tibetanos en la cordillera del Himalaya, en el norte de la India y a siete mil pies de altura. Este médico, un cardiólogo llamado doctor Benson, estaba muy preocupado al ver que la hipertensión arterial, una enfermedad muchas veces silenciosa y que, por tanto, pasa con frecuencia desapercibida, no paraba de causar estragos en la población mundial. Buscaba un remedio sencillo con unos efectos que se pudieran demostrar científicamente, que sustituyera o al menos redujera la medicación que con tanta frecuencia tomaban los hipertensos. Si lo encontraba, no solo podría servir para tratar las hipertensiones conocidas, sino que además se podría incorporar al estilo de vida de la población en general para que sutilmente ayudara a aquellos hipertensos que desconocían padecer dicha afección. La técnica, muy sencilla, implicaba dejar de prestar atención al torrente incesante de pensamientos perturbadores que se generan en nuestras cabezas y que, de forma permanente, penetran sin nuestro permiso en nuestra consciencia y no nos dejan disfrutar de un momento de paz y de serenidad. Para ello les puse una música suave y les pedí que centrasen su atención en los movimientos de su respiración a medida que notaban cómo todo el cuerpo se aflojaba, se relajaba poco a poco y eliminaba esas tensiones innecesarias que acumulamos a diario. Finalizada la sesión, nos fuimos a comer rápidamente porque después íbamos a tener una curiosa y algo misteriosa experiencia en el campo. Nos presentaron a un susurrador de caballos, un sorprendente personaje que había adquirido un gran prestigio en su país de origen, Argentina, por la doma de caballos salvajes sin recurrir a la violencia. Según nos comentó, había sido adiestrado por los indígenas para poder comprender el lenguaje de los caballos. Una de las primeras cosas que nos dijo fue que los animales eran capaces de observar el estado emocional en el que se encontraban las personas y que si se acercaba alguien asustado, ellos se asustaban y empezaban a sentirse en peligro. Yo siempre había oído hablar de que los animales sentían lo mismo que las personas, pero ahora lo empezaba a entender con más claridad. Fernando, que era el nombre del susurrador, nos comentó que antes de acercarnos al caballo necesitábamos estar tranquilos, relajarnos para que el caballo sintiera nuestro equilibrio, en lugar de nuestra perturbación.

Unos minutos después sacaron del camión a uno de los caballos más hermosos que jamás había visto, negro azabache, alto, fuerte y lleno de vitalidad. La memoria de *Furia* acudió a mi mente y me sentí como uno de esos pequeños potros del cómic presto a aprender una valiosa lección. Después de una serie de complejas maniobras logró que aquel caballo se tumbara en el suelo. Era como una enorme mancha negra en medio de la hierba y de las hojas. Entonces nos pidió que uno a uno, los que quisiéramos, nos fuéramos tumbando encima del caballo. Observé algo sorprendente de lo que ya nos había hablado Fernando. Cuando la persona que estaba tumbada boca abajo encima del caballo respiraba despacio, el animal también lo hacía y se veía cómo se relajaba, casi como si se durmiera. Cuando la persona se agitaba un poco, el animal también lo hacía. Llegó entonces mi oportunidad y me acerqué al caballo. Me di cuenta de que estaba tenso y creo que era más que porque el caballo se movía porque me inquietaba lo que pudieran pensar los que me observaban. Pensé en el efecto tan poco atractivo que los participantes del curso pudieran obtener si veían que el profesor que les había enseñado a relajarse por la mañana no sabía relajarse por la tarde. Me di cuenta mientras estaba tumbado en el animal de que cuando pensaba en algo de esto, mi respiración se aceleraba y el animal empezaba a ponerse inquieto y de que cuando simplemente me centraba en mantenerme tranquilo y sereno, el animal también lo hacía. El mayor grado de serenidad lo alcancé cuando simplemente empecé a sentir cariño por aquel caballo que me estaba enseñando una lección tan valiosa.

Las personas compartimos mucho más con los animales de lo que creemos y si lo tuviéramos más claro, también los respetaríamos más. Cuando una persona se pone tensa por el motivo que sea, es frecuente que se acelere su respiración y como consecuencia hay una tendencia a alcalinizar la sangre, esto es, romper el equilibrio de ácido base que existe en la sangre, lo cual puede ser muy peligroso. El organismo pone en marcha una serie de mecanismos compensatorios y entre ellos empieza a aumentar la producción de ácido láctico. El problema es que el ácido láctico si bien corrige este problema crea otro, porque en niveles altos puede generar mucha ansiedad. Por eso, a medida que nos ejercitamos en respirar más lento y profundo, la sensación de ansiedad baja porque entre otras cosas se produce menos ácido láctico. Esto lo saben muy bien los actores y los músicos, que por muy expertos que sean, siempre pueden sentir unos nervios iniciales antes de sus representaciones.

Otro hallazgo muy importante que se hizo hace unos años fue el descubrimiento de un fenómeno llamado resonancia límbica. Esto quiere decir que una persona que está tensa y respira deprisa empieza a ser imitada de forma inconsciente por las personas que están al lado, y comienzan a respirar de la misma manera. En pocas palabras, si mi respiración es tranquila y profunda, no solo reduzco mi ansiedad, sino que ayudo a otros a reducir la suya. El fenómeno de resonancia límbica es lo que pasaba entre el caballo y yo. Cuando yo estaba tenso, mi respiración se aceleraba y el animal se tensaba porque la de él también se precipitaba. Comprender este fenómeno es importante porque nos proporciona una gran capacidad para influir positivamente en el estado emocional que se genera a nuestro alrededor. No nos damos cuenta de hasta qué punto esta forma de interacción de unos con otros tiene tanto impacto. Cuando un niño pequeño coge una rabieta, la clave no suele ser calmar al niño, sino evitar que los padres se tensen, porque si ellos se tensan, sin darse cuenta van a empeorar de manera notable el problema. Cuando vamos a visitar a un cliente y estamos tensos o angustiados, se lo vamos a transmitir sin tener consciencia de ello. Por eso es tan importante buscar el equilibrio, volver a centrarse cuando notamos que hemos perdido el centro. Los fuegos se apagan con agua y no con gasolina. Si no somos capaces de extinguir nuestro fuego interior, ¿cómo vamos a poder contribuir a que otros aplaquen el suyo?

Hay una serie de estrategias que nos pueden ayudar a volver a nuestro centro cuando una serie de emociones nos han alterado profundamente. Algunas de estas estrategias entendemos cómo funcionan y otras simplemente se mueven sin que entendamos con precisión cómo lo hacen.

Si la emoción que sentimos es la ira, necesitamos imaginar que empezamos a respirar un aire de color verde que recorre nuestro cuerpo hasta llegar a la zona situada debajo del hemitórax derecho, que es donde se encuentra el hígado. Imaginemos que toda la zona se colorea en ese tono, y luego al espirar pensemos que el aire que expulsamos es de color violeta.

Si lo que sentimos es miedo, entonces el aire ha de ser de color azul y hemos de dirigirlo a ambos riñones. Si lo que sentimos es desesperanza, el aire ha de tener una tonalidad rosada y debe dirigirse hacia el centro del pecho, donde se localiza el corazón. Si lo que sentimos es una intensa preocupación, el aire ha de ser de color amarillo y debe dirigirse a la parte central y alta del abdomen, que es donde se encuentra el estómago.

Los colores son procesados fundamentalmente por el hemisferio derecho del cerebro, que es la puerta al inconsciente. Este está tremendamente conectado con el mundo de las emociones y además es clave en el control del sistema nervioso vegetativo, que es el que gestiona nuestras vísceras. La representación del cuerpo también se encuentra principalmente en el hemisferio derecho. Las emociones son esencialmente procesos corporales en los que están participando nuestras vísceras y nuestros músculos. Ciertos colores tienen un curioso efecto porque de alguna manera, pueden desactivar el sistema de alarma del cuerpo, relajar nuestras vísceras y destensar nuestros músculos, con lo cual toda nuestra emocionalidad se modifica.

Me gustaría añadir que la forma de respirar ha de seguir unas pautas concretas. En primer lugar, hemos de estar tumbados o sentados con la espalda recta sin rigidez, las piernas descruzadas y los pies apoyados sobre el suelo a la distancia de los hombros. La respiración ha de ir desde el abdomen hasta el tórax, como si se llenase una vasija desde abajo hasta arriba. Esta forma de respirar puede resultarnos un poco extraña e incómoda de entrada y, sin embargo, es la manera natural en que lo hacíamos cuando éramos muy pequeños. La gran ventaja sobre otras formas de respirar es que uno se va acostumbrando a mover el diafragma, lo cual genera una liberación de serotonina, que es la hormona más importante en los estados de humor, ya que sobre todo genera una sensación de confianza. Hay una frase sufí que dice: «el miedo llamó a la puerta, abrió la confianza y cuando abrió ya no había nadie». Recordemos que lo que más nos hace sufrir es esa catarata de pensamientos limitantes que se generan desde esa parte de nuestra mente que solo sabe enjuiciar y mandarnos mensajes llenos de «deberías»,«no deberías», «tendrías», «no tendrías», etcétera. Si conseguimos conducir nuestra atención desde nuestra cabeza hasta nuestro cuerpo, los pensamientos limitantes terminarán por pararse. El proceso, aunque lleva su tiempo de aprendizaje, es llamativamente efectivo.

Segunda parte

El encuentro

«El amor no es solo un sentimiento, es también una elección. El momento de la verdad surge cuando nos encontramos con la oportunidad de querer a alguien sin tener para ello que buscar ninguna buena razón».

11

Hablar para ser comprendido y escuchar para comprender

Uno de los hallazgos más sorprendentes cuando se estudia el mundo del estrés y de todo aquello que afecta a la interacción entre nuestros cerebros y nuestros corazones es que la comunicación interpersonal juega un papel de excepcional relevancia. Si reflexionamos sobre el número de horas que a diario pasamos conversando con los demás, nos daremos cuenta de la manera en la que dichas conversaciones nos afectan en nuestra manera de sentir y de actuar. Gran parte del estrés negativo o distrés que experimentamos en nuestro día a día se debe al modelo tan limitado de conversación que utilizamos en nuestras interacciones. Las palabras tienen el poder de activar por ellas mismas los centros del miedo y de la ira en los núcleos amigdalinos del cerebro, como se ha demostrado por medio de las técnicas modernas de neuroimagen. Las personas nos agredimos continuamente con las palabras y no somos conscientes de ello, ya que pocas se atreven a manifestar en alto lo que están sintiendo en los momentos en los que se han visto heridas. La forma en que nos comunicamos con frecuencia nos da lo contrario de lo que queremos y, por eso, resulta tan limitante. La torre de babel no es una historia del pasado, sino que sigue presente aquí y ahora. Nuestra forma de comunicar es obsoleta y precisa una revisión porque genera más conflictos que paz. A lo largo de esta segunda parte vamos a revisar algunas de las claves ocultas de la comunicación, los mensajes que se transmiten más allá de las palabras y el poder que estas tienen para alterar la manera en la que nos relacionamos con la realidad.

Si comprendemos que existe otra manera muy distinta de comunicarse y que esta favorece la salud y despliega la creatividad, entonces podemos empezar a adiestrarnos para ganar maestría en el arte de crear verdaderos lazos emocionales con otros seres humanos. Un nuevo nivel de conciencia pide otro tipo de lenguaje y por eso veremos cómo el nivel de conciencia y el lenguaje que usamos van siempre de la mano. La mayor parte de lo que voy a relatar son experiencias personales y las voy a contar como si estuvieran ocurriendo en el presente. En todas ellas descubrí algo que ha sido muy significativo para mejorar mi forma de comunicarme. En estas experiencias me di cuenta de algunas cosas que no se me habían pasado por la cabeza y empecé a comprender por qué obtenía ciertos resultados en mi vida y dejaba de obtener otros. Si las palabras salen de la boca solo llegarán a los oídos de la persona que escucha, pero si las palabras salen del corazón, también llegarán al corazón de quien las escucha. Si hablamos desde el corazón, desde las experiencias que para nosotros fueron transformadoras, estamos invitando a nuestro receptor a que haga su propia reflexión sobre aquello en lo que se sienta identificado. Fruto de esa reflexión tal vez salgan nuevas formas de ver las cosas y nuevos cursos de acción que llamen mucho más a la abundancia que a la escasez. Las relaciones con el otro son claves en nuestra vida, porque el ser humano es un ser en relación, y por eso cualquier orientación que nos ayude a mejorar nuestra forma de interactuar con los demás va a tener un gran impacto en sus vidas y en las nuestras.

12

Cumplo y miento. El peligro de la mente enjuiciadora

Uno de los participantes de mis seminarios me ha llamado por teléfono porque quiere quedar conmigo para hablarme de su situación personal y profesional después de haberse marchado de su empresa. El momento en el que me ha llamado no me resulta oportuno porque tengo una gran carga de trabajo y no quiero dedicarme al asesoramiento personal, no obstante, he accedido a tener un encuentro con él.

Acabo de aparcar mi coche y voy hacia el lugar acordado. Mientras camino, estoy reflexionando sobre mis sentimientos. Por una parte me noto frustrado porque de alguna manera me he sentido obligado a quedar con él y, que yo sepa, este encuentro a mí no me va a aportar nada. Por si esto fuera poco, después tengo una reunión en la otra punta de Madrid y, desde luego, no quiero llegar tarde porque es de una gran importancia.

De repente, como si alguien me hablara desde mi interior, me asalta una pregunta: ¿mostraría yo tan poco interés si esta persona fuese el presidente de una empresa o el decano de una prestigiosa universidad y no quien es en realidad?

Me quedo reflexionando sobre la pregunta y empiezo a experimentar primero vergüenza y luego tristeza, porque la respuesta es un contundente «no». Me estoy dando cuenta de que solo pienso en lo que él puede hacer por mí y no en lo que yo puedo hacer por él. Cuando solo me centro en mí mismo, dejo de ver a la persona que tengo enfrente y ese ser humano deja de ser un fin en sí mismo para convertirse en un medio para lograr algo. Me doy cuenta de que con frecuencia lo que me parece razonable no me deja vislumbrar lo que es posible. Por tanto, acabo de decidir que al menos el tiempo que dure la conversación, solo él va a ser el centro e intentaré contribuir en lo que pueda a hacer su vida más plena y feliz.

Ha pasado una hora y todavía no está aquí. Mi mente enjuiciadora pide paso y empieza a llenarme la cabeza de ideas disfuncionales: «Qué te parece, encima llega tarde», «debería ser más puntual».

Soy consciente de hasta qué punto la mente enjuiciadora me aparta de los demás, porque me impide querer a los demás si no son como yo considero que han de ser. Nadie que se sienta juzgado puede tener ilusión por conectar con el que le juzga.

Al fin aparece y me cuenta la razón de su retraso: «Lo siento Mario, vivo en Valladolid, me he levantado a las cuatro de la mañana para coger el tren de las cinco y este se ha retrasado una hora».

Cuántos supuestos, cuántas interpretaciones hacemos cada día antes de conocer los hechos y al menos abrirnos a otra posible interpretación.

Entonces soy yo el que empieza a hablar: «Necesito, antes de que empieces a contarme tu situación actual, ser transparente contigo y decirte todo lo que he estado pensando antes de que llegaras. No me es ni fácil ni agradable, pero creo que es imprescindible».

Una vez que pude expresar aquello que se había interpuesto entre los dos, la conversación tomó una dinámica propia, es como si ya no existiese un tú y un yo, y sí un nosotros. Ambos descubrimos cosas importantes y ambos crecimos en nuestro camino de desarrollo. A él se le ocurrieron nuevas avenidas para explorar en su vida profesional y a mí se me ocurrió que tenía que ser más cuidadoso con la presencia de la palabra «cumplimiento» en mi vida.

Cumplimiento, según un buen amigo mío, viene de cumplo y miento, es decir, que hago lo que tengo que hacer, pero sin ganas, solo porque me siento obligado, porque me he comprometido a ello. Cuando una persona se sienta frente a otra y está allí por cumplimiento no hay lugar para la revelación y la magia. Cuando nosotros conversamos con alguien, emitimos dos tipos de mensaje. El primero surge del cumplo y es el único que nosotros oímos, sin embargo hay otro que proviene del miento y está relacionado con nuestra intención y con nuestra situación emocional. Si mi intención es irme de allí cuanto antes y me encuentro a disgusto, salvo que sea un actor profesional y de los buenos, la persona lo captará.

Hace unos diez años aproximadamente, el investigador en neurociencias Rizzolati, que trabajaba con su equipo en la Universidad de Parma, cerca de Milán, descubrió por pura casualidad, mientras registraba el funcionamiento de unas neuronas en un macaco, algunas que se activaban de forma inesperada y que parecían tener la capacidad de leer la intención de otros macacos que estaban en aquel mismo laboratorio de experimentación. En colaboración con otras universidades como la de UCLA en Los Ángeles se fue profundizando en el estudio de estas sorprendentes neuronas a las que llamaron neuronas espejo. Hoy sabemos que estas tienen la capacidad de *leer* la intencionalidad de otras personas y de reproducir en uno las emociones de otro. Si, por ejemplo, alguien se nos acerca con miedo, aunque sonría, las neuronas espejo captarán dicho estado y nos sentiremos asustados, con lo cual nos pondremos a la defensiva. Por eso entiendo que cuando vayamos a tener una conversación con otra persona, sobre todo si la conversación no va a ser fácil, hemos de buscar un espacio de tiempo previo para elegir cómo queremos sentarnos con esa persona, si simplemente para cumplir el expediente e intercambiar información, o para conectar de verdad con otro ser humano que al igual que nosotros tiene sentimientos y necesidades.

En una ocasión presencié en Los Ángeles cómo el doctor Poster, un renombradísimo psicoterapeuta, hacía una demostración sobre cómo se puede estar frente a otra persona. La otra persona era otro psicólogo, en este caso una mujer que estaba intentando resolver ciertos conflictos personales. Todos, hasta los más grandes psicólogos y los seres más sabios, tienen conflictos por resolver, lo que ocurre es que su deseo de descubrir, crecer y evolucionar es más fuerte que su deseo de quedar bien ante los demás. Este entiendo que era el caso de aquella mujer. A medida que esta iba contando su historia personal, comencé a darme cuenta de unos sutiles cambios en la cara y en los gestos del doctor Poster y también observé cómo la otra persona, que se había prestado como «conejillo de indias» para la demostración, empezaba a transmitir un aspecto muchísimo más sereno. Aquello era muy difícil de explicar porque tenía una cualidad compuesta por dos mitades, una física y otra energética. Finalizada la demostración, que fue tremendamente efectiva para aquella mujer, alcé la mano y le describí sorprendido al doctor lo que había visto. Él con una sonrisa llena de dulzura me contestó: «Cuando yo me siento con alguien, nunca permito que la preocupación se siente conmigo».

Aquello me llegó hasta el fondo del alma. Entendí que cuando yo me sentaba con alguien preocupado por lo que tendría que haber hecho o lo que debería de hacer, una parte de la otra persona, a un nivel inconsciente y, sin embargo, bien real, lo captaba y le impedía abrirse, confiar y descubrir.

Cuando nos sentemos frente a otro ser humano, sea nuestro marido, nuestra mujer, nuestro hijo o nuestro cliente, olvidémonos del papel que se supone que hemos de jugar y centrémonos en quienes queremos ser frente a ese ser humano. Cuando adoptamos el papel de padres, sutilmente podemos intentar formar a nuestros hijos como se supone que hay que educar. Desafortunadamente hemos incorporado el sistema de educación con el que fuimos instruidos y que se basaba en la culpa, el castigo, la recompensa y la exigencia. Si nos planteáramos una sencilla pregunta: ¿quién quiero ser en estos momentos en los que estoy con mi hijo?, tal vez nos diéramos cuenta de que queremos ser alguien cercano y comprensivo, alguien que apoye e inspire. Cuando nos salimos del papel que se supone que deberíamos jugar, encontramos lo que da alas a nuestra libertad. Es entonces cuando se produce el encuentro no entre papeles, sino entre personas.

13

Conozco tu intención aunque no lo sepas

En una conversación, uno de los elementos clave relacionado con el impacto que causamos en la otra persona es el tono de voz. Las personas somos muy sensibles al tono de voz, porque al fin y al cabo refleja el estado emocional de la persona que está hablando. El tono de voz es reconocido por el hemisferio derecho del cerebro a una velocidad muy superior a la que el hemisferio izquierdo registra el significado de las palabras.

El hemisferio izquierdo está vinculado con nuestra mente consciente, mientras que el derecho es la puerta al inconsciente. Este, además, tiene un papel muy relevante en la puesta en marcha de las emociones, sobre todo de aquellas que se denominan negativas. Las emociones no son buenas o malas, lo que pueden es tener sentido en un determinado momento o no tenerlo, pueden ser funcionales o ser disfuncionales. Las emociones las clasificamos en positivas, como la alegría o el amor, y en negativas, como pueden ser el miedo, la tristeza o la ira. Todas las emociones, hasta las negativas, tienen un sentido. Es adecuado, por ejemplo, que experimentemos momentos de miedo que nos permitan actuar con cautela y no ser unos insensatos. En este caso, aunque la emoción es negativa, es al mismo tiempo funcional. Lo que ya no es adecuado es que vivamos permanentemente amedrentados, ya que en este caso la misma emoción se vuelve disfuncional.

La parte prefrontal del hemisferio derecho es el lugar desde el que se activan las emociones negativas y, además, como hemos visto, donde se captan los matices de la voz que reflejan de forma sutil la emocionalidad con la que se dicen las palabras; el tono de nuestra voz ya afecta al estado emocional de quien nos escucha antes incluso de que se haya interpretado el mensaje emitido. Esto quiere decir, en otras palabras, que el tono con el que decimos las cosas puede tener mucho más impacto en nuestros destinatarios que las palabras que usamos y, por tanto, que el mensaje que queremos transmitir. Una «buena noticia» dicha en un tono crispado tendrá un impacto negativo en el receptor y una «mala noticia» expresada con serenidad tendrá un impacto mucho más positivo que si se dijera, por ejemplo, con frustración o miedo.

Además, cuando ya de entrada nuestra situación emocional es negativa, por ejemplo, porque estemos enfadados, el impacto del tono adquiere aún mayor relevancia. Por mi propia experiencia he notado que el día que estoy más tenso, independientemente del motivo, tiendo a ser en exceso sensible con los comentarios que se me hacen y me resulta fácil encontrar provocaciones en lo que son simples diálogos. Ello implica que nuestro estado emocional es crucial para determinar el impacto que un mensaje tiene en nosotros.

Es domingo y Pedro se ha levantado temprano. Dos de sus hijos se han levantado poco después que él. En un «alarde de generosidad» les dice que les va a preparar el desayuno. Pedro les prepara con dedicación unas tostadas, un zumo y algunas cosas más. Durante esos minutos siente un especial orgullo de buen padre, de padre que se ocupa del bienestar de sus hijos. Les pone el desayuno sobre la mesa y entonces siente cómo un «jarro de agua helada» le cae sobre su cabeza. Uno de sus hijos está protestando por el desayuno. Pedro escucha que ante su protesta él le responde:

—Hijo mío, ¿por qué protestas si el desayuno es estupendo? —Para su sorpresa, su hijo se echa a llorar. Pedro no entiende esa reacción tan inaudita porque lo que le había dicho a su hijo no explica para nada su reacción. Empieza a sentirse confuso y frustrado y a fin de poder comprender lo que está ocurriendo, le dice—: Javier, no entiendo por qué lloras, no te he dicho nada para que reacciones de esa manera.

El otro hijo, que está observando la escena y tras hacer, sin duda, un gran acopio de valor, contesta:

—Papá, todo el mundo lloraría si les hablaras como le has hablado a Javier.

Pedro queda desconcertado porque no se da cuenta de hasta qué punto su propio tono le ha pasado desapercibido. «¿Cómo es posible que me pudieran hacer ese comentario si yo lo único que había pretendido era prepararles un desayuno?», se pregunta sin acabar de comprender.

De repente, lo que había pasado desapercibido a su mente ahora empieza a manifestarse con total claridad.

Cuando Pedro se ofreció a prepararles el desayuno, esperaba un agradecimiento por parte de sus hijos, por tanto, no hubo un verdadero acto de generosidad, porque cuando se espera el agradecimiento uno está simplemente envuelto en un intercambio comercial. Una cosa es que a uno le guste que se lo agradezcan y otra que lo espere. Pedro no solo no ha recibido ningún agradecimiento y por tanto ha quedado decepcionado, sino que además ha recibido una protesta, con lo cual ha experimentado un mayor grado de resentimiento y frustración. Envuelto en esas emociones, ha perdido su equilibrio y se ha convertido en alguien deseoso de revancha, de desquite. Aunque las palabras que Pedro pronunció eran neutras, su tono no lo fue y por eso le transmitió a su hijo Javier el enfado que él sentía. Su hijo expresó su dolor con unas lágrimas que reflejaban su tristeza y su miedo.

Es paradójico saber que cuando no nos convertimos en maestros de nuestras propias emociones y de los significados que damos a las cosas, nuestro cerebro experimenta una especie de «secuestro», perdemos la perspectiva y la claridad mental, y quedamos prisioneros en un mundo ancestral donde solo tres respuestas pueden tener lugar: el ataque, la huida o el bloqueo.

En una conversación con otro ser humano, estas tres respuestas no tendrían por qué tener lugar. La mayoría de las «provocaciones» que nos hacen nuestros hijos y nuestros seres más queridos no tienen la intención de herirnos. Muchas de ellas solo ponen a prueba la solidez de nuestros vínculos. Detrás de esas aparentes «provocaciones», no pocas veces hay una petición de ayuda que para nosotros es muy difícil captar y comprender. Desde una reacción de ataque, huida o bloqueo no se hace posible crear el puente que conecte ambos mundos. Mientras entremos en el juego de ver quién tiene más razón, si nosotros o nuestros interlocutores, no podremos conectar. Hemos sido entrenados de manera sostenida en ese juego y por eso se nos da tan bien.

Si sintiésemos que ante un comentario nos tensamos, el corazón nos late con fuerza y empezamos a llenarlo de ira, de frustración y de resentimiento, ni hemos de intentar ignorar esas emociones pretendiendo que no existen, ni hemos de abrir en ese momento la boca porque pronunciaremos el discurso que después más vamos a lamentar. La prioridad en ese momento no es hablar, sino reequilibrarnos. El silencio en ese instante, lejos de otorgar nada a la otra persona, como muchas veces nos han inducido a pensar, se convierte para todos en el mejor aliado. Respirar hondo, contar hasta diez, subir unas escaleras, lo que sea menos abrir en ese momento la boca si lo que queremos es construir, en lugar de destruir. Una vez que hayamos conseguido un nivel mayor de equilibrio, es esencial volver con una estrategia que, aunque al comienzo nos parezca artificial, con el tiempo nos daremos cuenta de lo natural que nos resulta. Nuestra estrategia será especialmente efectiva si vamos por una parte provistos de una pregunta que intente sondear en el sentir de la otra persona y por otra con un compromiso hacia nosotros mismos de escuchar sin interrumpir, sin argumentar, sin contraatacar, aunque no nos guste oír lo que nos dice. Recordemos lo difícil que es para los seres humanos expresar las emociones. Hemos aprendido a acallarlas, sobre todo si somos hombres. Hemos sido condicionados a creer que exteriorizar nuestro sentir es signo de vulnerabilidad y, sin embargo, y paradójicamente, cuando alguien lo hace ante nosotros, vemos un rasgo de valentía, porque los valientes no se esconden tras una artificiosa armadura de invulnerabilidad. No tienen vergüenza de manifestar que también ellos son humanos y que se puede ser extraordinario sin necesidad de ser infalible. Las emociones que más vergüenza nos da expresar son el miedo y la tristeza, que cuando no se expresan son transmutadas en resentimiento, que es el origen de gran parte de nuestra ira. Cuando alguien se pone las «orejas» especiales para escuchar la tristeza y el miedo, no se deja distraer por la expresión de la ira. Cuando uno está dolido y necesita expresar su sentir, antes de exponer su tristeza y su miedo manda una especie de globo sonda para ver si aquel territorio es seguro. Si ante la manifestación de la ira de nuestros hijos, nuestros maridos, mujeres y otros seres queridos reaccionamos, entonces nuestra escucha no invitará a que salgan las verdaderas emociones ocultas, la tristeza y el miedo. Muchas veces esa tristeza es por sentirnos solos y ese miedo es a no ser queridos. Tras la expresión de la tristeza y el miedo viene la aceptación, y tras ella surge una emoción que reluce más que el sol y que es la alegría. Es en ese momento cuando el puente entre ambos mundos ha sido construido. A partir de entonces la relación cogerá una nueva dinámica y abrirá posibilidades insólitas y conectará en un tiempo breve lo que pudo haber permanecido durante años separado.

Si nos importa una relación y queremos hacer algo para transformarla, no repitamos la misma estrategia una y otra vez porque obtendremos el mismo resultado. Existen tácticas mucho más efectivas para lograr lo que queremos pagando un precio mucho menor. En una conversación difícil, no pongamos el peso en argumentar, sino en preguntar. Cuando uno pregunta y escucha, la otra persona se siente valorada, se siente respetada y puede empezar a confiar. El vínculo más importante que necesitamos crear es el de la confianza, porque si ella está presente, todo se vuelve posible. La seguridad es lo que supera nuestro miedo a hablar. Cuando confiamos en alguien, sabemos que podemos hablarle de cualquier cosa, porque nos valora y nos quiere por quienes somos y no por quienes aparentamos ser. Cuando uno se siente querido de esa manera, surge lo mejor que tenemos en nuestro interior. La valoración que esa persona siente por nosotros se transforma en la estimación que sentimos por nosotros mismos.

14

¿Hijos de nuestra historia o esclavos de ella?

Voy a impartir una sesión sobre creatividad e innovación para un grupo de participantes en un máster de Recursos Humanos del cual soy profesor. He preparado esta sesión con mucho esmero y uno de los métodos que voy a usar se basa en la utilización de un *collage* hecho a base de recortes de revistas. Las imágenes tienen en nosotros un gran poder para provocar asociaciones novedosas y con ese propósito yo lo voy a utilizar. El director del programa me acaba de presentar a los participantes y les ha comentado que de profesión soy cirujano general y del aparato digestivo. Hasta entonces todo marcha bien y la clase parece bastante interesada en aquello que vamos a compartir. Dedico los primeros minutos de la sesión a hablar de la importancia que tiene el desplegar la creatividad que yace dormida en nuestro interior. Como analogía utilizo el ejemplo del gran escultor del Renacimiento Miguel Ángel Buonarroti cuando se le acercó un noble para felicitarle por la maravillosa escultura que había hecho de un simple bloque de mármol. Miguel Ángel le contestó que se equivocaba, que la escultura siempre había existido en el bloque de mármol y que él lo único que había hecho era quitar los fragmentos que sobraban.

Terminada la introducción, saco mi flamante *collage* y se lo presento a uno de los asistentes que se encuentra a mi derecha y en la mitad de la clase. Coloco el *collage* sobre su mesa y le pregunto qué le parece. Me quedo mirándolo y me sorprendo al notar cómo empieza a cambiar su cara. Su mandíbula está tensa, sus ojos se llenan de agresividad. «¿Qué está pasando aquí?», me pregunto desconcertado al reconocer toda la ira que se refleja en su forma de mirar. Empiezo a buscar en el *collage* qué puede haber desencadenado una reacción tan rápida e intensa. Nada, no encuentro nada hasta que de repente me fijo en que una de las fotos que he pegado en la cartulina es de un cirujano operando. Entonces una inesperada ráfaga de inspiración cruza por mi mente. A mí me han presentado como cirujano y en el *collage* aparece uno. Dejándome llevar más por una corazonada que por ninguna reflexión sutil, lo miro a los ojos y le pregunto:

—Dime una cosa, por favor, ¿a ti te caemos bien los cirujanos?

Después de un titubeo, me dice que no, que los cirujanos no le gustamos nada.

En ese momento, me acuerdo de que lo peor que puedo hacer para crear una conexión con otro ser humano es defenderme o contraatacar cuando oigo lo que no me gusta oír. Considero que una respuesta tan valiente y franca por su parte me está invitando a mí a quitarme el traje de «experto» y ponerme el de «explorador».

Cuando uno lleva puesto ese traje de «experto» que nos hace pensar que lo sabemos todo, que lo comprendemos todo y que no hay nada nuevo que aprender, dejamos de escuchar a los demás. No tiene sentido escuchar a otra persona si ya creemos que lo sabemos todo. Esta falta de interés, la siente y la vive la otra persona como una falta de respeto y es lo que imposibilita que se pueda crear un vínculo basado en la confianza.

En esta ocasión, sin duda movido por su sinceridad, en lugar de defenderme o contraatacar explicando cuánto han hecho los cirujanos del mundo por mejorar la vida de la humanidad, he tenido la cordura suficiente como para ponerme el traje de «explorador» a fin de poder conocer y tal vez de llegar a descubrir algo valioso que, lejos de distanciarnos, nos acerque.

Le pregunto por las razones que hay detrás de su rechazo a nosotros los cirujanos.

Él se sincera y empieza a relatarnos algunas de las experiencias por las que ha pasado. Hay que reconocer que fueron lo suficientemente duras como para poder entender su forma de ver las cosas.

Todo el mundo guarda silencio y escucha atentamente lo que nos está contando. Tras la ira, afloran el miedo y la tristeza. Emociones que habían permanecido encerradas durante mucho tiempo empiezan a salir. Cuando él siente que toda la clase valora su experiencia emocional, que se le entiende y que se le agradece mucho su valor y su sinceridad, empieza a relajarse y a sonreír. Es como si hubiera recuperado la alegría.

Su historia, su franqueza y su transformación han sido las claves para entender lo que ha ocurrido en una sesión que había empezado de una forma inesperada, que había trascendido el guion establecido y que había desplegado un espacio de posibilidad, mucho más práctico e infinitamente más valioso.

Las personas que estuvimos allí nos dimos cuenta de que en aquella clase todos podíamos hablar de una forma clara y directa, que existía un espacio para dialogar con honestidad y para escuchar con autenticidad.

Aunque no lo entendamos, y muchas veces no lo compartamos, hay siempre una causa, una razón oculta por la cual las personas actuamos como lo hacemos. Sin esa información nos es muy fácil catalogar a los demás como antipáticos o raros y también es muy fácil que los demás nos puedan etiquetar a nosotros mismos de la misma manera porque desde su atalaya particular, desde su punto de vista, sea incomprensible que actuemos como lo hacemos. Si yo veo a una persona corriendo y soy incapaz de ver al tigre que la persigue, para mí la actuación de esa persona será en todo punto incomprensible.

Conectar con una persona que ve las cosas como nosotros es fácil, congeniar con alguien que ve las cosas de forma completamente distinta no lo es.

La clave para conectar no es juzgar, sino primero preguntar y segundo escuchar. Preguntar como aquellos que de antemano reconocen no saber la respuesta y escuchar como quienes saben que hay algo nuevo por descubrir y por aprender. Cuando una persona se siente escuchada y se siente comprendida, se genera un vínculo de confianza que nos llena a todos de alegría y que inspira a los demás a hablar con honestidad. Hablar de una manera directa es algo que cuesta mucho. Casi todo el mundo piensa que es necesario, pero a la hora de la verdad, cuando hay que hacerlo, resulta más difícil practicarlo. Tememos que si hablamos de una manera directa, aunque lo hagamos con respeto, la relación se vaya a deteriorar y, sin embargo, con frecuencia lo que sucede es justo todo lo contrario.

Imaginemos por un momento que somos unos cocineros y queremos preparar un riquísimo pastel. Para ello, tenemos que escoger los mejores ingredientes, mancharnos un poco las manos al mezclarlos, poner las cantidades adecuadas, meter el preparado en el horno y dejar que la temperatura y el tiempo hagan el resto. Algo parecido pasa a la hora de «fabricar» un vínculo emocional con otra persona. Son necesarios una serie de «ingredientes». Por una parte, la sinceridad a la hora de expresar lo que uno siente y, por otra, la voluntad y el compromiso para intentar entender las causas profundas que existen detrás de lo que se siente. Hacer esto no es sencillo, ya que uno tiene que quitarse su traje habitual y ponerse el de «cocinero», empezar a poner los ingredientes y esperar que la «temperatura» del amor que se pone y el tiempo de cocción hagan el resto. El amor del que hablo aquí no es un sentimiento, sino que es una elección. Es tratar a alguien como si de verdad se le quisiera. Eso es lo que va a garantizarnos la paciencia, la persistencia, la humildad y la serenidad que son tan necesarias para escuchar a quien se encuentra esclavizado por la ira, la frustración o el resentimiento.

Todos nosotros somos hijos de nuestro pasado y de las experiencias que hemos tenido. Por eso, nuestras conversaciones, aunque nos parece que tienen lugar en el presente, en realidad suceden en el pasado. Si una persona ha tenido una experiencia muy pobre cuando ha trabajado en equipo, tal vez porque aquello fuese un caos donde nadie se responsabilizaba, o tal vez porque se produjo una lucha entre los que querían dominar y los que querían evitar ser sometidos, o tal vez porque al final alguien se colgó todas las «medallas», y ahora se le habla de la importancia de trabajar en equipo, es normal que percibamos una notable resistencia.

En muchísimos casos, es en nuestro pasado donde se encuentran las claves para entender nuestras conductas presentes. Por eso la resistencia del hoy no se explica ni se supera si no se entiende la experiencia del ayer. Que yo le exponga a esa persona que se resiste a trabajar en equipo todas las razones y las ventajas por las que hacerlo merece la pena no servirá, la mayor parte de las veces, para que él o ella lo vean como una oportunidad en lugar de como algo a evitar. Nuestro pasado interfiere en las conversaciones que tenemos en nuestro presente. Es natural que seamos hijos de nuestra historia, lo que entiendo que tenemos que evitar es el convertirnos en esclavos de ella. Yo he tenido experiencias de «trabajo en equipo» desastrosas y he tenido otras magníficas. Si soy incapaz de trascender mi pasado, es difícil que pueda inventar un futuro que no sea directamente predecible desde el pasado.

Me gustaría resumir lo visto en dos ideas fundamentales: la primera es que entrenar la comunicación directa y respetuosa es mucho más valioso que hablar por detrás, murmurar o quejarse de alguien que no está presente, y la segunda es que detrás de toda resistencia hay una razón que hace que, para la persona que la pone, esta tenga todo el sentido. Por eso la clave no es vencerla, sino comprenderla.

15

Yo tengo razón, tú te equivocas

Muchas veces creemos que lo que percibe una persona durante una conversación es aquello que oímos que decimos y no aquello que sentimos mientras hablamos.

Voy a impartir un curso de comunicación para un grupo de ingenieros en un hotel en las afueras de Madrid. He llegado muy ilusionado porque sé que mejorar nuestra comunicación es algo imprescindible. A lo largo de los años me he dado cuenta de que la frase «las palabras se las lleva el viento» pocas veces es fiel reflejo de la realidad y que las palabras hieren y también sanan. Por otra parte, llevo muchos años muy interesado en la psiconeuroinmunología, que es la ciencia que estudia la manera en la que nuestros pensamientos pueden afectar a nuestro sistema inmunitario, favoreciendo su actuación o limitándola. Conozco los estudios de cómo pacientes con sida, que se creían capaces de hacer frente a su enfermedad y superarla, aumentaban su población de linfocitos CD4 y sobrevivían una media de tres años más respecto a aquellos que no se sentían preparados y que eran incapaces de aumentar su población de linfocitos CD4, esenciales para luchar contra dicha enfermedad. Por otro lado, hace unos años fui invitado por el jefe del Departamento de Cirugía Oncológica del M. D. Anderson de Houston y me di cuenta de la importancia que le daban a la situación emocional de sus enfermos y a su actitud mental a la hora de enfrentarse a la enfermedad tumoral maligna que padecían. Sabemos que cuando una persona tiene una actitud positiva frente a la enfermedad, la constelación hormonal que tiene en su sangre es muy diferente a la que tiene si cree que no hay nada que hacer y que se va a morir. Se ha observado, por ejemplo, que un grupo de células de defensa llamadas «asesinos naturales» son muy influenciables por la situación emocional que experimenta una persona. Los «asesinos naturales» tienen en su interior unos gránulos que son como bolsitas llenas de un material tóxico y corrosivo. Cuando los «asesinos naturales» descubren una bacteria o una célula tumoral, empiezan a emitir unas prolongaciones parecidas de alguna manera a los brazos de un pulpo, se pegan a la bacteria o a la célula tumoral en cuestión y con sus gránulos tóxicos la destruyen.

Provisto de todos estos conocimientos y experiencias empiezo mi curso de comunicación con este grupo de personas. Empiezo hablándoles sobre la importancia que tiene comunicar de una forma tal que no solo transmitamos información, sino que también generemos cercanía, entendimiento y conexión. Parece que me escuchan con gran atención, sobre todo cuando comparto con ellos la importancia de que un médico hable a sus enfermos con claridad, cariño y cercanía. Por el momento todo va bien, hasta que digo algo que desata una gran reacción en uno de los asistentes. Lo que he dicho es simplemente que se ha demostrado a través de una ciencia llamada psiconeuroinmunología que la actitud de una persona afecta mucho a sus posibilidades de curación si su diagnóstico es un cáncer.

—Eso es una tontería, si tienes un cáncer te mueres y no hay nada más que hablar —me contesta esa persona en cuestión.

Noto cómo todo mi cuerpo se tensa y escucho una vocecilla en mi interior que me susurra: «demuéstrale que está equivocado, pero hazlo con educación». Entonces, empiezo a soltarle todos mis conocimientos de psiconeuroinmunología en un intento de abrirle los ojos sobre lo equivocado que está.

El curso ha continuado muy bien con una excepción, el participante que hizo ese comentario no ha vuelto a abrir la boca.

Terminada la clase me voy a mi habitación y empiezo a reflexionar sobre la evolución del curso. Todo ha ido bien, excepto una cosa: si bien he logrado conectar con todos los asistentes, lo que para mí es la prueba de una buena comunicación, con aquel participante que hizo aquel comentario, en mi opinión tan poco acertado, yo no he sido capaz de conectar en absoluto. Es en este momento de reflexión cuando me doy cuenta de mi enorme ceguera.

Cuando él manifestó su desacuerdo, dos voces salieron de mi interior. Una de ellas, la única que a nivel consciente yo escuché, le informaba de los hallazgos que la medicina había hecho y que refrendaban mis comentarios sobre la importancia de una actitud positiva en la lucha contra el cáncer. Sin embargo, la otra voz, más sutil, no audible para mí y que, sin embargo, fue la que aquel participante mejor escuchó, transmitía un mensaje bien contrario y que no era otro que el de «yo tengo razón y tú estás equivocado». Aunque nos pueda parecer sorprendente, esta segunda voz que se transmite a través de nuestro tono y de nuestros gestos, es la que afecta más profundamente a nuestro sentir. Lo importante no era en aquel momento si yo tenía razón o no. Lo importante era que yo estaba dando un curso de comunicación y había sido incapaz de conectar con alguien que tenía una opinión diferente a la mía. Para aquella persona eso era todo lo que necesitaba saber sobre mi capacidad de conectar con él, simplemente había sido nula. Esto nos pasa hasta con nuestros hijos, cuyas reacciones a veces nos exasperan. Si nuestras respuestas a algunas de sus provocaciones es dejar de hablarles o gritarles, tal vez los queramos mucho, no lo dudo, pero aun así creo que les falta solidez a nuestros vínculos.

Con aquel oyente de mi curso de comunicación fui incapaz de comprender que aquel comentario que había hecho, que aquella resistencia que había puesto, para mí carecía de sentido y, sin embargo, para él sin duda tenía todo el sentido del mundo. Tal vez había tenido un familiar muy querido que a pesar de tener la actitud más positiva del mundo, había muerto de un cáncer. No lo sé, lo que sí sé es que no le hice ni una simple pregunta para averiguarlo. No me molesté lo más mínimo en conocer las experiencias que le habían llevado a esa conclusión. En mi opinión, el verdadero problema para no conectar es presentar nuestro punto de vista como verdad irrefutable. Cuando uno hace esto, deja de tener humildad y se vuelve arrogante aunque intente disimularlo. Ni el mejor maquillaje del mundo puede disimular cómo nos sentimos y eso, queramos o no, se transmite. La otra persona lo capta y reacciona. Yo era consciente de que la ciencia me amparaba y también sabía que cuando un científico se comporta como un experto y no como un explorador, se va quedando progresivamente ciego y, en lugar de abrirse poco a poco a nuevas realidades posibles, se empeña en defender su pequeña realidad al precio que sea. Yo no fui capaz de quitarme el traje de «experto» y convertirme en un explorador que intentara adentrarse en la realidad de la otra persona para comprenderla y aprender. Para conectar no es necesario estar de acuerdo con la otra persona, lo que sí es necesario es intentar comprender desde qué punto de vista, desde qué perspectiva esa persona contempla la realidad. Animado por mi pequeño descubrimiento, me pregunté, ¿qué es lo que haría en el futuro si me volviera a ocurrir algo semejante? Me dije que la próxima vez en lugar de ponerme a la defensiva y contraatacar con mi argumentario científico, haría una pregunta para intentar honestamente comprender cómo aquella persona veía las cosas. No tuve que esperar mucho porque un mes más tarde me encontré, mientras daba una clase en una universidad, a una mujer que frente a un comentario mío sobre la relación entre la actitud mental y la salud reaccionaba de una forma parecida a como lo había hecho el participante en el curso anterior. De nuevo sentí cómo mi cuerpo se tensaba y empecé a buscar en mi mente argumentos para rebatir su opinión. Fue en aquel mismo momento cuando me acordé de la decisión que había tomado un mes antes en la habitación del hotel y entonces conseguí detener mi monólogo antes de que saliese de mi boca y le pregunté, con verdadero interés, por la razón de su opinión. Es curioso lo que pasó a partir de aquel instante, ya que por un lado toda mi tensión muscular y emocional se desvaneció y, por otro, noté cómo ella, que sin duda había captado mi tensión al recibir su comentario, también se relajaba y ambos conectamos inmediatamente, y nuestra percepción se abrió a una realidad más grande y valiosa.

La humildad no es una virtud glamurosa y, sin embargo, eso no la hace menos necesaria. Humildad viene de *humus* que es lo que fertiliza la tierra. La humildad simplemente nos dice que solo tenemos acceso a un punto de vista y no a la realidad en su conjunto, y menos a la que contempla otra persona, y que, por tanto, si queremos conectar y comprender, necesitamos preguntar y escuchar. Es de esta manera como podemos recibir nuevas perspectivas, nuevos descubrimientos y sorprendentes aprendizajes.

Por eso veo que es importante no entrar en un patrón de defensa acérrima de nuestra posición, por acertada que nos parezca. Es clave estar abiertos a que se nos presente alguna argumentación que pueda, tal vez, ayudarnos a ver las cosas desde otra perspectiva. Muchas veces lo esencial no es convencer, sino comprender. Cuando uno consigue comprender, es cuando se puede conectar y una vez que se ha producido el encuentro, todo resulta ya posible.

Gerald Edelman, premio Nobel de Medicina, precisamente por sus estudios sobre el sistema inmunitario, y que actualmente trabaja en el campo de la neurociencia, comentaba que el encuentro es lo que hace que dos gases distintos, como son el oxígeno y el hidrógeno, sean capaces de crear algo tan nuevo y sorprendente como es el agua, la fuente de la vida. El oxígeno es la base de la respiración y el hidrógeno es el gas principal de la atmósfera, que existía previamente a que hubiera vida en nuestro planeta. Sin este hidrógeno no hubieran aparecido las primeras bacterias que poblaron la tierra y que generaron el oxígeno que ahora respiramos. Igual nos pasa a las personas, unas alcanzan unos logros y otras consiguen cosas diferentes. Si solo nos gusta la gente que piensa y actúa de igual modo que nosotros, seremos como oxígenos que solo quieren hablar con oxígenos o hidrógenos que solo quieren hablar con hidrógenos. Al no haber encuentro entre ambos, no podrán manifestarse esas propiedades emergentes, que sí se manifiestan cuando dos gases distintos «olvidan sus diferencias» y se encuentran para formar una molécula como el agua, que se convierte en la verdadera fuente de la vida. Es curioso que ninguna propiedad física ni química del agua pueda deducirse de los gases de partida.

16

Tu rabia me aclara, tu ira me ciega

Si donde antes éramos capaces de ver una cosa, ahora vemos dos, nuestra capacidad para interactuar inteligentemente con el entorno se duplica. Por ejemplo, nosotros en el mundo occidentalizado y frente a un paisaje nevado solo somos capaces de distinguir uno o dos tipos de nieve. Parece ser que los esquimales son capaces de distinguir catorce tipos diferentes. Ellos saben, por ejemplo, cuál es la nieve adecuada para beber y cuál no lo es. Debido entre otras cosas a que son capaces de hacer un mayor número de distinciones, de diferenciaciones que nosotros, su capacidad de interactuar con el entorno es muy superior a la nuestra.

Los bosquimanos son un pueblo que vive en uno de los lugares más inhóspitos de la tierra, que es el desierto del Kalahari en África. El gran desafío para ellos no es solo encontrar algo de comer, sino sobre todo encontrar algo de beber. Si a cualquiera de nosotros nos abandonaran en este desierto moriríamos rápidamente de sed, porque allí solo seríamos capaces de observar algunos árboles y una serie de matojos todos iguales. Sin embargo, donde nosotros vemos un único tipo de matojo, los bosquimanos ven dos. Uno de ellos tiene bajo tierra un tubérculo del tamaño de un melón y contiene una cantidad increíble de agua. Gracias a esta habilidad tan desarrollada, ellos pueden sobrevivir en un entorno inhabitable para nosotros.

Si yo fuese profesor de un colegio y viese que hay un niño en mi clase que no comprende las explicaciones y solo fuese capaz de reconocer un tipo de inteligencia y ello me llevara a considerar torpe a ese niño, mi capacidad de interactuar con él se reduciría de forma dramática. Si a un profesor se le explicara que existen ocho tipos de inteligencia en lugar de uno, encontraría nuevas formas de interactuar con su alumno y buscaría de qué manera ha de presentarle la información para que la entienda. Es llamativo el caso de Albert Einstein que fue un estudiante tan mediocre que los profesores no le quisieron recomendar para su primer trabajo y, sin embargo, se convirtió en el científico más valorado del siglo XX. A Einstein se le extrajo el cerebro después de morir en el hospital de Princeton, cercano a la universidad donde él daba clase. Su cerebro se fotografió desde todos los ángulos y al hacerlo se vio algo muy extraño. A Albert Einstein le faltaba la cisura de Silvio. Esta cisura es una gran hendidura que existe en el cerebro y que separa visiblemente el lóbulo temporal del cerebro del lóbulo parietal. En el caso del científico, esta zona la tenía ocupada no por un espacio vacío, sino por neuronas, un tipo de neuronas esenciales en el procesamiento visual y espacial. En un sistema académico que ponía tanto énfasis en las explicaciones y en la lógica, alguien tan visual como Einstein se veía incapaz de comprender y de aprender.

Todos los ejemplos que hemos dado hasta ahora se han incluido con la intención de aclarar un concepto escurridizo que es el de las denominadas distinciones lingüísticas. Recordemos que las distinciones lingüísticas nos permiten apreciar varias posibles realidades donde antes solo veíamos una. En este sentido, hay una distinción lingüística que importa mucho destacar. Las personas tendemos a creer que es lo mismo la ira que la rabia, no sabemos muchas veces diferenciar ambos conceptos y, sin embargo, su distinción es fundamental, ya que una de las dos abre espacios de oportunidad, mientras que la otra los cierra. Una de ellas raramente afecta a la salud, mientras que la otra es muy peligrosa si lo que se quiere es no enfermar. Una de ellas ayuda a comprender y a construir, mientras que la otra ciega y destruye. Para mayor claridad, pondré un ejemplo de algo que me ocurrió cuando yo era un estudiante de medicina en Madrid.

Desde muy pequeño, había sentido una pasión tremenda por todo lo que tuviera relación con el cerebro y la mente. Nada me parecía más interesante que aquello. Cuando llegué a la facultad, para mí asistir a las asignaturas de Neuroanatomía y de Neurofisiología era un privilegio porque me gustaban a rabiar. En ambas saqué matrícula de honor. Cuento las calificaciones que obtuve para que se entienda mejor el impacto que tuvo para mí lo que me ocurrió. Pasé de la facultad al hospital para cursar lo que se llaman asignaturas clínicas porque ya están orientadas a estudiar las enfermedades. Una de aquellas asignaturas era la Neurología, que estudia las enfermedades médicas relacionadas con el sistema nervioso. La otra la Neurocirugía, que estudia las enfermedades quirúrgicas del sistema nervioso.

Al igual que me pasó con Neuroanatomía y con Neurofisiología, la primera de aquellas nuevas asignaturas que empecé a cursar, la Neurología, me volvió a apasionar. Me dediqué a ella con ahínco y me presenté al examen. Pasado un tiempo fui a recoger mi papeleta de examen con la nota y he de decir que esperaba una nota muy alta. Con lo que yo me encontré fue con un suspenso. Tenía que haber sido un error, aquello no era posible y por tanto me fui a pedir una revisión de examen. El catedrático de Medicina Interna llevaba varios meses enfermo y la cátedra la llevaba de manera provisional el profesor titular más antiguo. Le expliqué lo que me había pasado y de una forma muy poco amable me dijo que volviera después de las vacaciones de Navidad que se avecinaban. La verdad es que no paré de darle vueltas en la cabeza a aquello que me había sucedido. Pasadas las vacaciones acudí de nuevo a él, el cual de nuevo con pocas ganas y escasa amabilidad pidió a su secretaria que le trajera mi examen. Según lo iba leyendo en alto, también iba manifestando en alto lo sorprendente que veía que me hubiesen puntuado tan bajo las respuestas. Al terminar de revisarlo me dijo: «Este examen está francamente bien y no consigo entender cómo le han podido suspender». A mí al oír aquello me dieron ganas de abrazarlo y en mi ingenuidad le dije, casi afirmando: «Entonces, profesor, eso significa que estoy aprobado».

Ante mi perplejidad me da la contestación que menos espero: «No, de ninguna manera, usted sigue suspenso, no pensará que voy a corregir lo que un compañero mío ha hecho».

En aquel momento mis ganas de abrazarlo se tornaron, para qué negarlo, en ganas de estrangularlo. Me marché de allí lleno de ira, necesitaba desquitarme con alguien o con algo. Estaba fuera de mí, no regía, mi respiración era agitada, mi corazón latía con rapidez y notaba la tensión en todos mis músculos mientras apretaba con fuerza mi mandíbula. Comprendí que en aquel estado yo era un ser peligroso y tenía que proteger a los demás de mi propia presencia. Si volvía a casa, lo pagaría inconscientemente con los que menos lo merecen que son, además, a quienes más quiero. Si me quedaba en la facultad iba a ser incapaz de aprender nada. Entonces tomé la decisión de irme al gimnasio donde practico taekwondo. Frente a mí solo tenía lo que en aquel momento más necesitaba, el enorme saco de piel que colgaba del techo de aquella sala y que usábamos normalmente para dar patadas. Empecé a pegarle puñetazos, y a descargar sobre aquel pobre objeto toda la ira que sentía. Pegué con todas mis fuerzas hasta que me sangraron los nudillos. Me llamaron la atención dos cosas, la primera era que no tenía ningún dolor en las manos y la segunda que se me había ido toda la ira, que me sentía calmado, tranquilo y en equilibrio y que veía las cosas con una nueva dimensión y perspectiva. Algo muy importante había cambiado en mi interior y aquí es desde donde parte mi reflexión.

Hay personas cuyas conductas no son adecuadas y han de ser corregidas. Considero que no fue adecuado que a mí me suspendieran. Los seres humanos hemos sido dotados de emociones para hacer frente a situaciones como esta. Somos capaces de sentir una emoción que hace que nos rebelemos frente a lo ocurrido, y que intentemos que se produzca una corrección: esta emoción es la rabia. La rabia no busca hacer daño a nadie, solo quiere que se repare algo. La rabia es ese orgullo sano que hace que los seres humanos nos rebelemos contra la injusticia, la manipulación y el abuso de poder. Es lo que hace que las personas nos sublevemos contra las etiquetas que otros nos ponen, y la que también permite que otros se rebelen contra las que nosotros les ponemos. A través de la expresión de la rabia hacemos saber hasta qué punto es importante un hecho para nosotros y hasta qué punto estamos dispuestos a defenderlo. En el caso de mi suspenso, podía, en lugar de haberme marchado enfadado, manifestar mi rabia por el hecho o incluso irme a estamentos superiores, como el decanato, y pedir una nueva revisión. Nada de eso hice, sino que la emoción que se generó en mí fue la ira. La ira no busca la reparación, ya no le importa, la ira coge su propia dinámica. Así como uno tiene rabia, la ira lo tiene a uno. La ira ciega, hace perder el norte y además daña muy severamente al cuerpo. Yo por entonces era muy joven y mi corazón estaba sano. Con otra edad más avanzada, aquel brote de ira podría haberme costado muy caro. Muchos infartos de miocardio e infartos cerebrales son desencadenados por un brote de ira, el cual produce una elevación muy marcada de la tensión arterial y favorece las trombosis en el interior de los vasos y también la rotura de estos. Además, se sabe que la ira bloquea la producción de una hormona llamada DHEA, que parece ser capaz de retrasar el envejecimiento.

Cuando una persona percibe nuestra ira, se siente agredida incluso antes de que abramos la boca, y es empujada inmediatamente a tomar una posición de defensa y ataque. La ira, por paradójico que pueda parecer, no ayuda para nada a la otra persona a reflexionar sobre su conducta. La ira solo llama al contraataque. Por eso creo que cuando sintamos que se ha cometido una injusticia con nosotros, que se nos ha defraudado, que no hemos sido ni valorados ni se nos ha considerado y percibamos en nuestro interior ese cúmulo de emociones que recuerdan un volcán a punto de erupción, hagamos ejercicio de nuestra libertad, de nuestra capacidad de elegir. No permitamos que nuestra rabia se torne en ira y esta en violencia. Somos libres, no nos dejemos esclavizar por una emoción que no es más que un simple patrón de respuesta aprendido. Parémonos, cojamos las riendas de nuestra vida y no permitamos que nada ni nadie facilite que nos transformemos en unos seres peligrosos para los demás y para nosotros mismos. Guardemos silencio, respiremos hondo, demos una vuelta y reequilibrémonos. No autoricemos que nuestro dolor se torne en destrucción, porque ello no nos va a ayudar a lograr lo que de verdad queremos que esté presente en nuestra vida. Planteémonos una pregunta: ¿qué es lo que siento: ira o rabia?

El solo hecho de hacernos esta pregunta tiene un inmenso impacto en las emociones, porque las diferencias en el lenguaje permiten acceder a espacios emocionales bien diferentes. Solo la rabia tiene la verdadera potencia de crear, de reparar y de construir. La ira es una fuerza devastadora que solo sirve para destruir. Si elegimos que la rabia nos acompañe y no que la ira nos esclavice, expresemos esa rabia y no hagamos juicios como: «eres injusto», «me has tratado mal», «no me consideras». Busquemos hechos lo más objetivos posibles y a partir de ellos expresemos de forma valiente nuestro sentir. El emperador Meiji al final del XIX, creador en Japón de la era del gobierno iluminado dijo: «La sinceridad del corazón humano en la tierra lleva a llorar al dios más encolerizado».

Vinculemos nuestro sentir a los hechos, no a las personas; no los hagamos culpables de nuestros sentimientos. Recordemos que la mayor parte del dolor que causamos a otros seres humanos no lo hacemos por maldad, sino por ignorancia. Hagamos que quede claro el impacto que esos hechos han tenido en nuestros sentimientos. Expliquemos también aquello que necesitamos y que tal vez sea una mayor comprensión, tal vez algunas aclaraciones o sentir que se nos tiene más en cuenta, tal vez un poco más de reconocimiento por el esfuerzo que hacemos. Finalmente hagamos una petición en este sentido, que esté llena de claridad, que sea lo más concreta posible, que esté alejada de ambigüedades, que evite múltiples interpretaciones. Recordemos que la rabia invita a que se abran puertas de encuentro, mas no hemos de intentar forzar a nadie a que las abra. En el momento en que nuestra petición, nuestra invitación se torne en exigencia, la puerta se mantendrá cerrada. En la vida hay muy pocas seguridades absolutas, la mayor parte de las veces la inteligencia en nuestro actuar se definirá no por buscar la seguridad, sino por aumentar las posibilidades de tener éxito en aquello que es relevante para nosotros. Por eso, esta forma de conversar no asegura el entendimiento y, sin embargo, lo hace mucho más alcanzable.

17

No me grites, que no te oigo

Es frecuente darse cuenta de que en el mundo de la comunicación ocurren hechos muy sorprendentes. Tomemos por ejemplo cuando uno le dice algo a otra persona y esta reacciona de una manera totalmente distinta a la esperada. Sin duda ello genera desconcierto y perplejidad, sobre todo cuando estamos tratando de que se cumplan una serie de peticiones. Es como si diese la sensación de que en medio de la comunicación entre dos seres humanos algo invisible y potente interfiriera y generase todo tipo de distorsiones en cómo el mensaje que se quiere comunicar se emite y cómo este se recibe en el otro lado. Tuve la ocasión de reflexionar hondamente sobre esa situación mientras daba una sesión al comité de dirección de un gran hospital. La sesión estaba enfocada en el desarrollo de su visión. Ellos querían crear una nueva realidad para su hospital. Era necesario, pues, que pusieran en marcha todo el poder de su imaginación y de su creatividad para visualizar posibilidades nuevas tanto en los productos que generaban como en el tipo de procesos y procedimientos que los llevarían a esa posición de liderazgo en su sector. Como a mí me apasiona el funcionamiento del cerebro, empecé a hablar durante la sesión de las relaciones entre el cerebro, la imaginación y la creatividad. De repente, uno de los participantes se levantó de su silla, alzó sus brazos en el aire y con un tono fuerte que sonó como un gran reproche gritó: «¡Si es que todos decís lo mismo!».

Se produjo un profundo silencio en la sala y entonces yo le pregunté qué es lo que le hacía sentir así. La persona en cuestión se quedó callada y se sentó sin pronunciar una sola palabra más, por lo que ante su silencio decidí continuar. Por alguna causa que se me escapó, no me molestó para nada su intervención, y por tanto ni me sentí herido ni noté ninguna animadversión hacia esa persona. Estoy convencido, no obstante, y la vida así me lo ha mostrado, que en otras ocasiones parecidas, ni mi equilibrio ha sido el mismo ni mi emocionalidad tampoco y sí se ha producido una buena dosis de resentimiento y un deseo de revancha.

Después del incidente, seguimos con la sesión y al cabo de unos minutos, algo extraordinario sucedió porque el directivo que había guardado silencio cuando yo le pregunté por su sentir, empezó a hablar y a dar ideas sobre cómo mejorar el hospital. Las ideas eran tan creativas que pude notar el nivel de asombro existente entre los participantes. Por las caras, se podía inferir que más de uno se estaba preguntando en qué momento le habían hecho a esa persona un trasplante de cerebro sin que ellos se hubieran dado cuenta.

Terminado el curso, todos se marcharon excepto el director general que quería hablar conmigo. Nos sentamos en dos sillas y me empezó a decir que había quedado profundamente impresionado por el curso, de lo cual obviamente me alegré, aunque quería indagar más. Cuando le pregunté qué era lo que más le había gustado, tal vez pensando que me iba a hablar de algunas de las estrategias que habíamos comentado para potenciar la imaginación, me sorprendió con su contestación:

—Mario, lo que más me ha impresionado es cómo le has contestado a ese directivo que ha hecho un comentario tan agresivo.

Yo, francamente, no entendía lo que me decía porque como aquel comentario no me había generado ninguna herida, tampoco vi que en mi contestación existiera nada que pudiera impresionar a nadie y así se lo transmití.

—Mario, no lo entiendes, ese directivo ha hecho conmigo en todas las reuniones que he mantenido con mis directores desde que he llegado a esta empresa exactamente lo mismo que ha hecho hoy contigo. ¿Sabes la diferencia?, pues que en todos los casos yo lo he echado de la reunión. Hoy me he dado cuenta de lo que he perdido. Si simplemente en lugar de alejarle hubiera intentado entender su sentir, hubiera ayudado a que se desplegara la creatividad de este hombre, que para todos permanecía tan oculta y que, sin embargo, para todos es tan necesaria —me contestó.

He reflexionado mucho sobre aquello que me pasó para intentar entender qué proceso se puso en marcha que permitió una liberación de la creatividad de aquella persona.

Todo el potencial creativo que encierra nuestro cerebro está muy influido por la situación emocional que experimentamos en cada momento. Si nos sentimos alegres, entusiasmados, apasionados por algo, la creatividad tiende a fluir. De hecho, las personas creativas, en líneas generales, suelen poner una gran pasión en lo que hacen. Por el contrario, cuando nos llenamos de miedo o de ira, se produce como una especie de tapón en ese «grifo» de la creatividad y esta deja de fluir.

El directivo al que me he referido posiblemente tenía almacenada una dosis no escasa de ira y frustración, ya que de alguna manera no se consideraba parte de ese equipo, ni notaba que su opinión se tuviera en cuenta. Él necesitaba sentirse valioso y que se reconociera su capacidad de contribuir. Estas necesidades dudo mucho que las sintiera cubiertas y precisaba cubrirlas, porque un ser humano que no cubra sus seis necesidades básicas sufre, ya sea una niña en un colegio, un ama de casa o una alta directiva. El problema y el desconcierto surgen en la forma en la que las personas informamos a los demás de que nuestras necesidades no están cubiertas y de que necesitamos ayuda para cubrirlas. Es aquí donde el fallo ocurre, ya que no hemos sido entrenados para manifestar esta petición de una manera que realmente ayude a cubrir dichas necesidades. El directivo al que me he referido anteriormente de alguna manera me estaba pidiendo que lo valorara, que lo considerara, porque su opinión merecía ser escuchada. Yo era un extraño para ellos y tal vez pensara que alguien de fuera lo escucharía como él sentía que no lo escuchaban los de dentro. Sin embargo, el mensaje que emitió no invitaba al acercamiento y a la acogida, sino al alejamiento y al rechazo. Era una comunicación «suicida» porque en lugar de favorecer que sucediera lo que él buscaba, lograba justo el efecto contrario.

La falta de un canal adecuado para expresar nuestro sentir parece obvia si observamos la gran tensión que se genera en muchas de nuestras comunicaciones y que distancia por igual a padres y a hijos, a marido y mujer, a amigos y a compañeros de la empresa. Por unas u otras razones, hemos aprendido desde pequeñitos que era mejor callar nuestro sentir que expresarlo. Nos hemos vuelto unos expertos a la hora de mandar algunos de nuestros sentimientos como la ira, el miedo, la frustración y la desesperanza al sótano de nuestra casa y hemos pensado que se quedarían allí quietecitos y sin protestar. Como desde el piso de arriba no oímos sus golpes ni sus protestas, no nos damos cuenta de que nuestra casa retumba por doquier. Sin embargo, llega un momento en que esa emocionalidad se escapa del sótano y sale como un torbellino, mientras arrasa y destruye todo lo que encuentra a su paso, aunque sea una relación muy querida.

La falta de destreza en la gestión de nuestras emociones es una de las principales causas por las que enfermamos. Así, vemos que dicha falta de maestría está asociada a un aumento del colesterol y de los triglicéridos en sangre. Estas sustancias al ser tan abundantes empiezan a formar unos depósitos grasos y pegajosos en el interior de nuestras arterias que paulatinamente van estrechando la luz, es decir, el hueco por donde circula la sangre. Además de todo esto, se produce un incremento en la tendencia de la sangre a coagular. Las plaquetas, que son fragmentos de unas células llamadas megacariocitos y que están llenas de una sustancia llamada F3, que es esencial para poner en marcha la llamada cascada de la coagulación, empiezan a pegarse con especial intensidad a esos depósitos grasos, con lo cual se favorece que la luz del vaso, que ya estaba estrechada, al producirse un coágulo, se cierre por completo. Ello origina que el tejido que recibe su oxígeno y sus nutrientes a través de esos vasos empiece a sufrir y si no se hace nada para solucionar el problema llegue a morir. Esta es la génesis de muchos de los infartos de miocardio y de los infartos cerebrales.

Necesitamos, pues, encontrar un sistema que nos saque de este círculo tan pernicioso, que nos ayude no a encerrar nuestro sentir, ni tampoco que permita que la presión de esas voces encerradas en nuestro sótano y obligadas a silenciar actúen generando tal presión que nos lleve a estallar precisamente con aquellos a los que paradójicamente más queremos. Ese sistema permitiría por una parte expresar lo que sentimos, con lo cual esa presión interior negativa y dañina que se genera al acallar el sentir no se produciría. Por otra parte, dicho sistema tendría que favorecer que la otra persona entendiera nuestra emocionalidad y supiera qué es lo que necesitamos y la ayuda que pedimos, en lugar de dañar la relación y favorecer el alejamiento. Cuántas personas piensan que hablar claro y de manera directa es clave y, sin embargo, qué pocas se atreven en el momento de la verdad a hacerlo. Yo no creo que ello se deba a una falta de valor, sino a carecer de la metodología adecuada que nos dé la confianza necesaria a la hora de expresar lo que es necesario e importantísimo que sea escuchado si queremos que exista conexión y comprensión.

Lo primero que hemos de entender es que nuestra mente no ha sido entrenada en buscar hechos, sino en generar juicios. Por ejemplo, decimos: «hija mía, me molesta lo desordenada que eres», en lugar de decir que en los cuatro últimos días cuando he llegado a casa me he encontrado los juguetes por el suelo. Podemos también decirle a nuestro jefe que no cuenta con nosotros, en lugar de decirle que en las últimas tres reuniones del departamento no hemos sido convocados. No solemos hablar de hechos, sino emitir juicios y pensar que la otra persona nos va a entender. La observación atenta muestra que cuando la otra persona oye un juicio por objetivo que nos parezca, deja automáticamente de escuchar, contraataca o se pone a la defensiva. Si lo que queríamos es que esa persona comprendiera nuestro sentir, logramos justo el efecto contrario, de nuevo se ha creado una conversación suicida. Por todo ello, es esencial buscar hechos y no emitir juicios por verdaderos que nos parezcan o como defensa cuando nos sentimos heridos. Lo segundo que es crucial es expresar nuestro sentir. A veces pensamos que no se pueden tener ciertas emociones, como la ira hacia un ser querido o incluso el miedo y, sin embargo, es absurdo negar lo que sentimos precisamente por eso, porque ha de ser real cuando lo experimentamos. Tampoco me parece que sentirse culpable por tener estos afectos ayude en nada, porque la culpa tiene mucho de paralizante y ha sido usada y abusada como chantaje emocional que nos hace ser manipulables como títeres. Aceptar lo que sentimos es un paso esencial para poder luego expresarlo sin culpabilizar para nada a la otra persona. En el momento en que le digamos a alguien por objetivo y razonable que nos parezca que él o ella son los culpables de nuestro sufrimiento, en la mayor parte de los casos y de forma automática, se habrá cortado la comunicación. Es importante contar mi sentir como la realidad que yo vivo, sin vincularla a la persona y sí a los hechos que describí en un comienzo. Llega un mensaje muy diferente a una persona cuando oye: «Hija mía, eres una desordenada y estoy harta de llegar a casa y verlo todo por el suelo»; a decirle: «Hija mía, cuando mamá ha llegado a casa los últimos cuatro días y ha visto los juguetes por el suelo se ha sentido triste y frustrada». Tampoco es lo mismo decirle a alguien que no cuenta con nosotros porque no nos convoca a las reuniones del departamento, que decirle que en las últimas tres reuniones del departamento yo no he sido convocado y me siento por una parte desconcertado, y por la otra triste y hundido. Es importante comprender que cuando nosotros en lugar de enjuiciar buscamos hechos, que cuando en lugar de rechazar o de negar nuestras emociones las aceptamos, lo que simplemente quiere decir que reconocemos que existen, aunque puedan no gustarnos, toda nuestra emocionalidad empieza a cambiar y nosotros, que en ese momento estábamos enajenados, empezamos a reequilibrarnos y con ello se estabilizan tanto nuestro tono de voz como nuestros gestos, que tienen un impacto tan grande en el proceso de comunicación. Es solo cuando hemos presentado unos hechos y los hemos vinculado con nuestro sentir, cuando podemos expresar nuestras necesidades y no esperar a que la otra persona las descubra. No es sencillo para nosotros descubrir lo que otras personas sienten si no nos dan ninguna pista.

En los ejemplos anteriores, la madre le podría manifestar a su hija la necesidad que tiene de orden y organización en su casa y de tranquilidad de saber dónde están las cosas. El empleado puede también decirle a su jefe que necesita sentirse parte de un equipo, saber que se cuenta con él y que se valora su contribución. La experiencia que tengo es que cuando la otra persona escucha las necesidades que se le manifiestan, la mayor parte de las veces se queda descolocada y perpleja porque nunca se le había pasado por la cabeza que aquello fuera tan importante para él o para ella. Esto es simplemente una observación de hasta qué punto nuestra comunicación no incluye ni sentimientos ni necesidades. El proceso finaliza cuando una vez manifestadas las necesidades se hace una petición a la otra persona. Todos nos necesitamos unos a otros y sin embargo, hemos sido condicionados culturalmente para sentir vergüenza si pedimos ayuda, lo cual es incluso más acusado en los hombres que en las mujeres. De alguna manera confundimos las cosas y creemos que pedir ayuda es un signo de debilidad, en lugar de una muestra clara de humildad, claridad, compromiso y fortaleza. Solo el que tiene claro la importancia de algo y necesita que lo ayuden suele ser capaz de manifestarlo. Por eso, la petición de ayuda, que no la exigencia, ha de seguir a la manifestación de las necesidades. Si pedimos ayuda y recibimos una negativa, no nos molestamos ni nos enfadamos. Si exigimos ayuda y no nos la dan, entonces nos enfurecemos y, si podemos, lo apuntamos en nuestra libreta de revanchas. La diferencia, por tanto, entre una petición y una exigencia muchas veces no está en el tono de voz, sino en lo que ocurre cuando la otra persona nos dice no. Hay exigencias que son muy claras por el tono imperativo con el que se expresan, sin embargo, hay exigencias que se envuelven en un tono dulce y acaramelado que a pocos engañan. En este caso, si decimos que sí, no lo haremos de corazón, sino porque nos sentimos coaccionados. No sé si a la otra persona le importará o no, pero podría importarle porque hacer las cosas sintiéndose coaccionado hace que se acumule el resentimiento. Y este es un curioso veneno, pues nos hace creer que daña a la persona que nos lo crea y, sin embargo, nos hiere a nosotros. Si frente a nuestra petición de ayuda la otra persona dice que no, podemos solicitarlo una y otra vez sencillamente con la intención de que la otra persona reconsidere su actitud y tal vez se abra a una transformación. Aun así, no hemos de buscar convencer u obligar, solo invitar a reflexionar. Sé que a veces todo lo que he referido nos cuesta, lo que he visto es que lo que hace que una persona cambie no es lo que le decimos, sino lo que ella descubre.

Es de gran relevancia que cuando alguien nos hable con un tono fuerte e incluso agresivo, no veamos solo eso que se nos presenta, porque detrás de la fachada de la ira se esconden las verdaderas emociones de esa persona que son la tristeza y el miedo. Por eso, en lugar de posicionarnos, de atacar o de defendernos intentemos hacer una pregunta honesta para entender no lo que piensa esa persona, sino lo que siente. Muchas actitudes de los demás son incomprensibles para nosotros y, sin embargo, tienen mucho sentido para ellas. Escuchar no implica ni precisa estar de acuerdo, simplemente pretende comprender para conectar.

18

Cuando estoy mal, no esperes a que te lo cuente

Hace unos meses quedé profundamente impresionado por la actitud de un conductor de una de las líneas de autobuses que circulan por Madrid. De entrada, me sorprendió la amabilidad profunda y auténtica con la que recibía a cada nuevo pasajero. Antes de arrancar miraba por el retrovisor para asegurarse de que la gente estaba bien agarrada. Qué lejos de esos tirones que a veces sufrimos cuando vamos en un autobús y que si nos descuidamos, nos pueden tirar al suelo. Cuando el conductor veía a alguien que corría para llegar al autobús, en lugar de cerrar y acelerar al abrirse el semáforo, hacía lo que podía para esperarlo y ayudarlo. Recuerdo que en una de las paradas, había una mujer con una visión muy limitada. Tenía unas gafas con unos cristales muy gruesos e intentaba distinguir el número del autobús porque no lo podía ver con claridad. El conductor se dio cuenta y le dijo desde el asiento alzando la voz el número que era.

Parece que un viaje en autobús no es nada especial y, sin embargo, para los que íbamos en ese autobús, aquel hombre logró algo diferencial, al menos para mí, que por eso todavía lo recuerdo y lo admiro. Lo pequeño cuando se hace de una manera grande se convierte en algo admirable. Cuando llegó mi parada, me acerqué al conductor para agradecerle todo lo que había hecho. Él se quedó un poco perplejo, probablemente para él lo que había hecho era normal, simplemente él era así.

Si una persona puede influir de esa manera en otros seres humanos, simplemente durante los minutos en los que uno va de una parada a otra, qué no podríamos lograr si todos hiciéramos algo semejante para que los demás se dieran cuenta de que los vemos, de que los oímos, de que los valoramos y de que queremos hacer algo por ellos.

Si yo pudiera destacar algo de aquel conductor de autobús, destacaría su agudeza sensorial, el estar atento, el darse cuenta, el reconocer lo que pasa. Esta cualidad me impacta mucho porque me demuestra que alguien está despierto cuando muchos de nosotros todavía estamos dormidos. Si la agudeza sensorial es muy importante para generar experiencias positivas, como ocurrió en mi caso y en muchos de los pasajeros durante aquel viaje, no es menos importante a la hora de reconocer cuándo otros están inmersos en el resentimiento, la tristeza, el miedo o la desesperanza.

En muchas ocasiones nos enteramos tarde del sufrimiento que alguien muy querido ha estado llevando sobre sus hombros. En ese momento sale de nosotros una dulce protesta: «Si me lo hubieras dicho antes, si tan solo hubieras pedido mi ayuda, si me hubieras hecho partícipe de aquello que te estaba ocurriendo, entonces sin duda te habría ayudado».

Estos comentarios son la mayoría de las veces por una parte sinceros y por otra revelan hasta qué punto las personas hemos perdido esa agudeza sensorial que nos permite descubrir el sufrimiento de otras personas antes de que ellas pidan ayuda.

Si yo fuera en una de esas barcas que bajan por los rápidos de los ríos y en el choque con una de las piedras o tal vez por el movimiento salvaje de uno de los remolinos me cayera al agua, tengo pocas dudas de que me pondría a pegar gritos para pedir ayuda, por si acaso los otros tripulantes de la barca, tan ensimismados en sus propios asuntos no se percataran de que yo me había caído.

Tengo un buen amigo que ha hecho el descenso del río Zambeze en África. Este río tiene unas corrientes muy fuertes que hacen que no sea nada difícil caerse de la barca y, de hecho, mi amigo, a pesar de ser un gran experto, se cayó. Todos tienen instrucciones sobre cómo actuar si alguien se cae al agua, lo cual les permite actuar con rapidez y con eficiencia. Esto que se ve claramente en el ejemplo del río, no es lo que en general ocurre cuando uno siente que se ha caído en medio de las corrientes de la vida. En ese momento, no nos hemos preparado de entrada por si esto ocurriera, con lo cual nos encuentra desprevenidos y, además, avergonzados por la caída hace que tendamos a replegarnos sobre nosotros mismos, a aislarnos y a no pedir ayuda. Parece como si buscáramos que en ese empequeñecimiento que experimentamos se hiciera más difícil para los demás descubrir la situación en la que nos encontramos. Si a pesar de todo, alguien nos ve, nota algo y nos pregunta, en lugar de revelarle lo que nos pasa, solemos responder: «Estoy bien, no me pasa nada, muchas gracias por tu interés, hasta luego».

Siguiendo con el ejemplo anterior, es como si alguien que se mantuviese a bordo se diera cuenta de que nos hemos caído al agua, acercara la barca y nos preguntara si necesitamos ayuda y le contestáramos: «No, gracias, muchas gracias, ya me ahogo yo solito en el río».

Es muy complicado entender por qué a las personas nos cuesta tanto pedir ayuda cuando hay prácticamente siempre alguien a nuestro alrededor que nos la podría brindar. Tal vez no sería capaz de ayudarnos a resolver el problema, pero lo que sí haría es escucharnos y eso en sí ya puede ser una gran ayuda. Creo que hemos sido condicionados para avergonzarnos si manifestamos nuestros sentimientos de soledad, nuestra confusión, nuestra pena o nuestro miedo.

La vergüenza es una emoción devastadora y de consecuencias mucho más negativas que la culpa. La culpa es un sentimiento por lo que hacemos, mientras que la vergüenza la experimentamos por lo que somos. La vergüenza es más honda, tiene más calado. La vergüenza nos mueve a pedir algo que jamás pediríamos si estuviéramos en nuestros cabales y que es que «la tierra nos trague».

Los seres humanos tenemos una esencia que es extraordinaria. Esta representa la auténtica sabiduría. Su capacidad de reparar tanto nuestras heridas físicas como aquellas que no por ser invisibles duelen menos es inmensa. Nuestra esencia, nuestro verdadero ser, conoce lo que necesitamos y puede darnos los recursos que precisamos. Solo pide que creamos en su existencia como parte de lo que somos y que no enfoquemos nuestra atención en eso que tememos ser, personas sin la suficiente inteligencia, personas que no son merecedoras de ser amadas. Tenemos un miedo inmenso a ser eso que tememos ser, hemos hecho una definición tan pobre y limitante de nosotros mismos que empleamos la mayor parte de nuestro tiempo y de nuestra energía intentando impresionar a los demás con una imagen diferente, con un continuo pretender ser.

Cuando sufrimos, cuando nos sentimos torpes, pequeños y confundidos creemos que los demás van a darse cuenta de que no éramos quienes pretendíamos ser ante sus ojos: seres invulnerables, capaces de controlarlo todo, felices y equilibrados. Como consecuencia de esa idea, de esa sensación de «desnudez» frente a los demás, llegamos a la curiosa conclusión de que eso que siempre hemos tenido, el miedo de ser, va a quedar expuesto ante sus ojos. Por eso pienso que surge esa tendencia a ocultarse, a negar, a disimular, a intentar aguantar como sea los retazos que quedan de aquello que pretendíamos ser, que fingíamos ser. Es algo así como intentar aguantar como sea la fachada de un edificio que por dentro está en ruinas para que los que la contemplen sigan pensando que el edificio es maravilloso.

No puedo ni imaginarme la energía que tenemos que emplear y el desgaste físico e intelectual que nos origina esta obsesión en mantener nuestra fachada. Lo sorprendente es que todavía la mayor parte de los seres humanos no nos hayamos dado cuenta de que en realidad el edificio que está tras la fachada no está en ruinas, sino que en sí es una maravilla y que, de hecho, en calidad y en hermosura es infinitamente mejor que la fachada que lo tapa y a la que atribuimos la única belleza. Es algo así como si creyéramos que la imagen que proyectan esos espejos cóncavos o convexos que encontramos en las ferias y que deforman nuestros cuerpos reflejara la realidad de aquello que somos. En este caso, sabemos que la imagen deformada que reflejan no se ajusta a la realidad. El problema surgiría si creyéramos lo que el espejo refleja. Si así fuera, intentaríamos ocultarnos de los demás por todos los medios.

Nosotros no tenemos ninguna culpa sobre este proceso tan singular y tan poco atractivo. Es fruto de un condicionamiento que la humanidad ha sufrido durante muchos siglos. Pero este hecho no significa que no tengamos responsabilidad a la hora de cambiarlo. Entiendo por ser responsable el decirse a uno mismo: «Esto ha de ser cambiado», «yo soy quien ha de cambiarlo», «yo quiero cambiarlo», «yo puedo cambiarlo», «yo elijo cambiarlo».

El ejercicio de nuestra responsabilidad consiste, pues, en dejar de culpabilizarnos a nosotros y a los demás por las circunstancias y empezar a dar una respuesta a través de nuestra motivación, de nuestro compromiso y de una acción resuelta, persistente y paciente.

La fuerza y la confianza para ponernos en marcha como los que creen que pueden y no como los que se creen incapaces no surge de la imagen que tengamos de nosotros mismos, un edificio en ruinas, sino de cómo podríamos vernos si de verdad creyéramos que hay algo en nuestro interior que está lleno de belleza y de fortaleza. Me vienen a la mente esas edificaciones tan preciosas como el Museo Guggenheim en Bilbao, el teatro de la ópera en la Ciudad de las Artes y las Ciencias de Valencia, el Palacio de Correos de Madrid o esas preciosas casas de Gaudí en Barcelona, por citar solo algunas de las joyas arquitectónicas que se encuentran en todos los lugares de España y en todos los países del mundo. Son edificios que no dejan de sorprendernos y de maravillarnos, que atraen a personas de todo el mundo y que llegan a influir tanto en una ciudad que la transforman. Ningún ser humano se puede comparar con un edificio viejo y destartalado. Todos somos como esos otros edificios emblemáticos, diferentes, bellos, dignos de admiración. Sin embargo, si nos negamos esta opción, no solo nosotros, sino el mundo entero se perderá el impacto transformador que podríamos generar.

La fe mueve montañas porque es capaz de permitir que actuemos con la certeza de que algo existe sin que nuestros sentidos puedan percibirlo. Nosotros tampoco podemos apreciar con nuestros sentidos las ondas de radio que llegan a nuestro transistor y, sin embargo, esas ondas son reales. Por alguna razón que desconocemos, las personas hemos perdido nuestra capacidad de sintonizar con esa frecuencia, con esa realidad extraordinaria que sin saberlo se encuentra en nuestro interior. Nuestra esencia habita en ese corazón que solo se escucha cuando se abre la mente y se silencia el murmullo incesante de pensamientos miopes que creen que solo existe aquello que se puede medir, pesar y analizar como si de un extraño mineral se tratara. No es necesario creer a pies juntillas, lo que sí es preciso es abrir una «rendija» en nuestro intelecto para acercarnos a algo que al fin y al cabo es un misterio. Esa inmersión en el misterio con el espíritu de fascinación y sorpresa de un niño es la que nos puede conectar con esa fuerza de extraordinario poder, capaz de devolver a nuestro mundo la luz, la alegría, el entusiasmo, la serenidad y la confianza. Cuando uno vive en la oscuridad, abrir una rendija que deje pasar algo de luz puede parecer un gesto intrascendente y, sin embargo, no lo es, porque cuanto mayor sea la oscuridad, mayor será el impacto de una pequeña luz.

Por eso es de capital importancia que desarrollemos, por una parte, nuestra agudeza sensorial para detectar quién puede a nuestro alrededor beneficiarse de nuestra ayuda y, por otra parte, que jamás, jamás nadie se avergüence de lo que es. Todos podemos cometer grandes errores y grandes torpezas y, a pesar de ello, se puede ser duro con la conducta y suave con la persona. Si atacamos a la persona contribuiremos a que el problema se haga aún mayor. Es algo así como echar gasolina al fuego y esperar que el fuego se apague. Los verdaderos vínculos, la auténtica confianza y la complicidad sana y bella no se fraguan en medio de nuestros éxitos y de nuestros aciertos, sino cuando en nuestras caídas alguien nos da la mano para que nos levantemos.

19

Aunque me claves los dientes, no quedará en mi interior tu veneno

Un amigo de mi padre murió en la selva de Gabón cuando le cayó de un árbol una mamba negra, que es una de las serpientes más venenosas que existen en el mundo. Según los testigos, aquel pobre hombre no sobrevivió más de dos minutos, ya que tuvo la poca fortuna de que la serpiente le clavara los dientes en el cuello y el veneno, al llegar rápidamente al corazón, se extendió con velocidad por todo su cuerpo.

En la vida hay personas que infringen un terrible daño a sus semejantes. Conozco bien el caso de un niño que con 5 años arrancó una pequeña ramita de un almendro en flor. El niño estaba fascinado contemplando las pequeñas flores blancas, no más de tres o cuatro que salían de esa ramita. Eran como un tesoro que guardaba en la cajonera de su pupitre. La directora del colegio lo descubrió y delante de sus compañeros lo llamó asesino porque, según ella, había matado un árbol. Pidió al resto de los niños que no le hablaran, que lo aislaran, que lo ignoraran. Conozco bien la historia porque aquel niño era yo. La directora me introdujo su veneno y este hizo su efecto y produjo en aquel momento sentimientos tremendos de vergüenza y de humillación. Aquella mujer no era malvada, sencillamente ignoraba el desatino de sus palabras. Tiempo después me enteré del tremendo desequilibrio mental que padecía y por el cual fue apartada de la enseñanza.

En la vida muchos hemos encontrado o vamos a encontrar personas que nos claven sus colmillos como la mamba negra clavó los suyos a aquel amigo de mi padre. Muchos intentarán introducirnos su veneno y nosotros hemos de evitarlo y si en ese momento no podemos, hemos de evitar que nos siga intoxicando a lo largo de nuestra vida. Existen tres venenos que pueden tener un efecto muy negativo en nosotros si no conocemos sus antídotos y la forma de aplicarlos.

El primero es el veneno de la culpa. Cuando uno lo recibe, no se siente triste por algo que ha hecho, se siente culpable. La tristeza invita a reparar el daño porque te importa la otra persona, mientras que la culpa lleva a reparar el daño para no sentirse culpable. Además, la mayor parte de las veces, la culpa paraliza en lugar de mover a la acción. Hay personas que nos introducen el veneno de la culpa porque saben que de esa manera somos más manipulables. Recuerdo una ocasión en la cual a una persona que trabajaba en una empresa la llamó su jefe a las diez de la noche a su despacho sin encontrarla allí. Al día siguiente su jefe le comentó que la había llamado a esa hora esperando encontrarle en su despacho y que al no estar allí para coger su llamada, había quedado bastante decepcionado. Ese mismo día su jefe volvió a llamarla a las diez de la noche y mostró su satisfacción al encontrarla en su sitio. No es que tuviera que decirle nada especial, sencillamente quería someterla. El veneno de la culpa había hecho su efecto, una vez más había un dominador y un dominado.

Otro de los venenos es el de la desesperanza. Lo inoculan personas de actitud muy negativa y que solo se sienten cómodas cuando los demás ven las cosas con la misma negrura que ellos. Disfrutan minusvalorando los éxitos y los logros de otros. Llaman a los sueños utopías y gustan de hablar solo de lo que está mal y lo hacen de una forma que lleva a otros a pensar que lo que está mal solo puede llegar a estar peor. Es una actitud vital que se extiende a la totalidad de lo existente y no solo a una parcela de las cosas. Son como agujeros negros que aspiran nuestra energía y nos dejan exhaustos y deprimidos. Junto a ellos, mientras no cambien de mentalidad no puede haber vitalidad ni alegría.

El tercer veneno es el de la humillación, que te hace sentir como si fueras una persona de menor categoría y te lleva a creer que los demás también te ven así. Hay una sensación de sentirse permanentemente juzgado y valorado para ver si se da la talla. Por miedo a no estar a la altura, uno tiende a aislarse y a no probar cosas nuevas. Este veneno fue el utilizado de forma preferente para inocular a los refugiados camboyanos durante el régimen del sanguinario Pol Pot. Los camboyanos que emigraron a Estados Unidos, a diferencia de las personas llegadas de otros lugares en conflicto en el mundo, eran incapaces de abrirse camino allí. Pronto se descubrió lo que les pasaba.

Más allá del sufrimiento por sus seres queridos aniquilados por aquel régimen tan cruel, existía algo, un tóxico que seguía actuando en ellos y que les originaba un profundísimo sentimiento de inferioridad. De manera sistemática, sus carceleros en Camboya les habían transmitido una y otra vez la idea de que eran seres inferiores, que nunca llegarían a nada. Al final, ellos se lo habían creído. Hasta que no se descubrió ese veneno, estas personas no pudieron disfrutar en Estados Unidos de un nuevo amanecer en sus vidas.

Si queremos vivir como seres libres, nunca justifiquemos lo que hemos hecho de nuestras vidas en base a lo que otros hicieron con nosotros. Si lo hacemos, seremos nosotros quienes mantendremos en nuestro cuerpo la toxicidad de aquel veneno y nuestra vida estará llena de excusas, pero no de resultados. No justifiquemos nuestro rechazo a los demás porque otros nos rechazaron, o nuestro pesimismo porque nunca nadie nos alentó a vivir con alegría. El pasado siempre existirá, pero nuestro futuro puede ser mucho más que nuestro pasado. Seguir dando vueltas una y otra vez a ello es ingerir continuamente un tóxico y pensar que va a matar a la otra persona.

Nadie puede determinar nuestro valor y mucho menos cuando ya nos ha colocado una etiqueta. Por todo ello, todo lo negativo que nos puedan decir hará referencia tal vez a lo que hemos hecho y en algunos casos merecerá por nuestra parte más de una reflexión, a lo que no puede hacer referencia es a quiénes somos, a nuestra auténtica naturaleza, ya que esa solo la conoce quien nos ha creado.

20

El poder que hay dentro de usted

Que el deporte es beneficioso para la salud, cuando se practica de forma equilibrada, parece poco cuestionable, a pesar de la pereza que tantas veces nos dificulta el practicarlo. Cuando yo era relativamente pequeño, empecé a tomar una cierta fobia hacia los deportes. Como no era muy hábil con la coordinación de mis pies, no conseguí entrar en el equipo de fútbol del colegio, como tampoco lo logré por mi corta estatura en el de baloncesto; ni por mi falta de corpulencia en el de balonmano. Quedé en cierta medida abandonado a la suerte, de tal manera que me metieron en el grupo de los que practicaban gimnasia. Mi padre, viendo lo poco que me agradaban los deportes, decidió apuntarme a un gimnasio donde enseñaban una disciplina que había llegado hacía poco tiempo a España, procedente de Japón, el judo. Entré como cinturón blanco, que es el de los principiantes. Como al director del gimnasio, cinturón negro tercer dan que se había formado en Japón, le interesaba popularizar el judo, decidió organizar un torneo en el gimnasio.

El día de la exhibición los jueces iban dando paso a los alumnos para que compitiesen según el color de sus cinturones, a todos, excepto a mí y a otro compañero de un nivel muy superior al mío. En medio de mi desconcierto, oí con perfecta claridad cómo uno de los jueces le decía a los otros dos:

—Nos hemos equivocado, no hemos llamado a ese blanco y como combata con el verde, el verde lo mata.

Faltó poco para que al oír aquellas palabras me desmayase, y como si nadie tuviera en cuenta mi pobre condición escuché cómo otro de los jueces respondía:

—Qué le vamos a hacer, que se luzca el cinturón verde que para eso es nuestra estrella.

—¿Que se luzca conmigo? —pensé. Aquello era inaudito.

A los pocos instantes nos llamaron y a medida que nos acercábamos al centro del tatami escuché un rumorcillo entre el público asistente probablemente como expresión de la pena que en ese momento sentían por mí.

Uno de los jueces se acercó a mí y me puso el cinturón rojo, símbolo del favorito del combate, ironía trágica de la inminente derrota. En aquel momento yo solo temblaba de miedo. Mi padre, que se encontraba entre los asistentes, me llamó con determinación. Pedí permiso a los jueces para acercarme a él. Cuando estuve frente a él, puso su mano en mi hombro, me miró con confianza y me dijo:

—Mario, tú puedes vencerlo.

—Pero, papá, ¿tú lo has visto? —le contesté.

—Sí, lo he visto, y sé que puedes vencerlo si le haces la llave *ogoshi.*

—¿Un *ogoshi?* —respondí con desconfianza.

—Sí, se te da muy, pero que muy bien, hazle un *ogoshi.*

Cuando regresé al tatami no sabía cómo materializar la llave que mi padre me había aconsejado, pero una extraña fuerza vino a mí. Y después del saludo de rigor agarré a mi adversario y lo derribé. Gané el combate para sorpresa de todos.

A la altura de las orejas, en la parte más anterior de los lóbulos temporales del cerebro se encuentran dos núcleos que se denominan amígdalas o núcleos amigdalinos. En realidad, aunque parezca un único núcleo, es un conglomerado de núcleos con funciones todas muy importantes. Uno de ellos se llama núcleo central del miedo porque es el que activa muchas de nuestras reacciones de miedo. Sin su existencia, las personas no seríamos valientes, sino insensatas. Las amígdalas son capaces de captar un peligro físico incluso antes de que seamos conscientes de dicho peligro. Lo interesante es saber que las amígdalas se pueden activar desde zonas del cerebro que están muy ligadas a la forma de pensar. Hay pensamientos que desde la zona anterior del hemisferio derecho son capaces de activar los centros del miedo. Dicho de otra forma, los peligros creados por nuestra mente serían vividos como peligros reales y el organismo en consecuencia activaría los mecanismos de protección de la vida y, entre ellos, los mecanismos del estrés. Las personas que se quedan inmóviles cuando miran el peligro o que no paran de tener pensamientos negativos del tipo «no voy a poder», «es demasiado difícil», «me voy a equivocar», «no lo voy a superar» acaban arruinando todas sus posibilidades, no por carencia de recursos, sino por falta de confianza. En mi combate con el cinturón verde, mi propia conversación por razonable que fuera se estaba convirtiendo en la verdadera causa que imposibilitaba una gran victoria. Es esencial afrontar los retos lo mejor preparado que se pueda y si por una u otra razón se tienen que afrontar con menor preparación, hay que hacerlo con confianza. Cuando seamos conscientes de nuestra capacidad para dar pasos firmes, comprobaremos que muchas de las sensaciones que tenemos de falta de capacidad y que nos llevan a desconfiar y perder la esperanza han sido condicionadas. Nos hemos creído que no teníamos lo necesario y que lo que de verdad queríamos era inaccesible para nosotros. En pocos terrenos se ve tan claro cómo lo que creemos se convierte en lo que creamos. El dominio de nuestra conversación interior es una necesidad si queremos gestionar nuestra vida y para eso convirtámonos en esas personas que dan seguridad, apoyo y confianza en lugar de sembrar la gran duda en nuestro corazón. No menos importante es saber apoyar a otra persona cuando tiene que enfrentarse a un desafío. Qué diferencia más grande existe cuando junto a nosotros camina un compañero al que respetamos y que nos da ánimo, a cuando quien nos acompaña es un juez implacable.

Por ello, ante los desafíos, concentrémonos en lo que queremos, no en lo que tememos. Si queremos cambiar algo que no nos gusta, cerremos los ojos y utilicemos nuestros sentidos internos, veamos, oigamos, toquemos, sintamos cómo serían las cosas si sucedieran como nosotros queremos. Las tecnologías de neuroimagen nos muestran cómo en un ejercicio de visualización se movilizan las mismas áreas en el cerebro que se activarían si la experiencia ocurriese en realidad. Este sistema accesible para todos lo utilizan muchos atletas del mundo de la competición.

Abrámonos a la posibilidad de que, ante los desafíos, si confiamos se pueden abrir puertas en la mente que desde la desconfianza permanecen cerradas.

21

La respuesta está dentro, no fuera

Un día, mientras estaba pasando consulta en el hospital, me sucedió algo que marcaría en gran medida el desarrollo de mi futuro profesional en el mundo de la formación. Acude a verme una mujer que trabaja en un departamento que se dedica a las fusiones y a las adquisiciones. Me sorprende ver la bolsa tan grande que trae, y de la cual extrae un extensísimo historial médico con múltiples informes y un gran número de radiografías. Aquel voluminoso historial refleja de alguna manera su paso por múltiples médicos a lo largo de tres años.

Esta sonriente mujer empieza a contarme las frecuentes molestias que tiene en su aparato digestivo y que son especialmente intensas a nivel del epigastrio que es el lugar de referencia típico de las patologías del estómago. Lleva tres largos años sufriendo de dolor de estómago sin que nadie le haya encontrado la causa. Al final parece que es «cosa de nervios» y está en tratamiento con una medicación que se llama genéricamente omeprazol. El omeprazol, al actuar sobre la denominada bomba de protones, localizada en el estómago y que se encarga de la producción de ácido clorhídrico, tiene un efecto muy potente a la hora de reducir dicha secreción ácida.

Durante más de una hora, reviso uno a uno todos los informes, los estudios gastroduodenales y las múltiples endoscopias que se le han realizado. Los estudios son impecables en extensión y profundidad y, en efecto, en ninguno de ellos se aprecia nada patológico. Por otro lado, resultaba sorprendente que a pesar de que lleva con omeprazol varios años, siga con tantas molestias.

Me parece absurdo volverle a pedir una endoscopia cuando tiene hecha la última hace tan solo tres meses, la cual es, además, completamente normal. Tampoco tiene sentido que le cambie la medicación porque el omeprazol es la medicación más efectiva que existe. Entonces, para su sorpresa, decido probar un abordaje completamente diferente y comienzo haciéndole una pregunta:

—Dígame, ¿hay algo en su día a día que le produzca mucha tensión, que le genere un alto grado de ansiedad?

Ella se queda totalmente desconcertada con la pregunta, porque me imagino que al acudir a la consulta de un cirujano no esperaba encontrar a alguien que actuara tal vez más como un psicólogo.

—Doctor, ¿a qué se refiere, a algún tipo de conflicto o de grave preocupación familiar? —me contesta.

—No, no me refiero solo a eso, me refiero a algo que de manera diaria y más o menos continua le quite el sosiego y la paz —le insisto.

Ella se queda unos instantes reflexionando y de repente me dice:

—Ya he encontrado algo.

—¿Qué es? —le pregunto.

—Es mi jefe, doctor, no lo soporto.

—Qué bien, ya tengo el tratamiento para usted, aquello que le va a permitir vivir sin esos dolores en el estómago —le respondo.

Curiosamente, a pesar de que le había dicho que no hacían falta más endoscopias, ella me pregunta:

—¿Qué es, doctor, otra endoscopia y tal vez un nuevo tratamiento?

—No, no es eso, lo que quiero que haga es que desde mañana, hasta que nos volvamos a ver en un par de semanas, cada vez que se encuentre con su jefe le sonría.

Observo la expresión con la que se me queda mirando. Tal vez esté pensando que es bastante desgraciada, no solo porque tiene un jefe tan malo, sino porque además y para colmo se ha encontrado con un cirujano que está completamente loco.

—No se lo merece, doctor, mi jefe no merece que le sonría —me contesta.

—No lo haga por él, hágalo por usted —le respondo.

—No me va a salir —argumenta.

—Entonces finja —contraataco yo.

La mujer me mira y me dice que lo que yo le pido es imposible. Es entonces cuando la llevo a recordar el impacto que sus dolores de estómago están teniendo en su vida. Todos sabemos que las molestias gástricas afectan mucho a la emocionalidad de las personas y por eso acarrean tanto sufrimiento a quien las padece.

Me despido de ella diciéndole que solo le pido que lo intente durante dos semanas, y que lo haga con un poco de fe, como los que confían en sí mismos, como los que creen que puede ocurrir algo extraordinario, como los que sostienen que es posible.

Han pasado dos semanas, mi enfermera sale de la consulta para llamar al próximo paciente, que en este caso es ella, quien desde la puerta sin avanzar se me queda mirando y me dice:

—Doctor, si no lo veo no lo creo.

—Pase, pase, por favor —le digo invitándola a que se siente. Me quedo mirándola. Hay algo muy diferente en su rostro, a diferencia del primer día en que nos vimos, ahora transmite mucha más serenidad y alegría—. Cuénteme, por favor, ¿qué es lo que ha pasado?

—Mire, doctor, llegué a la oficina resuelta a probar su extraña terapia durante dos semanas. Reconozco que al principio me costó mucho y que cuando veía a mi jefe, tenía que hacer un ímprobo esfuerzo para esbozar una débil sonrisa. A medida que pasaron los días, cada vez me costaba menos sonreírle y curiosamente el estómago también empezó a dolerme menos. Al cabo de unos días, como el estómago ya no me dolía, mantuve el omeprazol, pero dejé de tomar los sobrecitos de Almax que tomaba con tanta frecuencia. Mis compañeros se dieron cuenta de que ya no lo tomaba y me preguntaron que si ya no me dolía el estómago. Les dije que no, que mi médico, usted, me había dicho cómo quitarme el dolor de estómago. Prepárese, doctor, porque le viene toda la oficina —comenta animada.

Me río mucho con sus últimas palabras. Aquella mujer tan valiente y excepcional pudo dejar por completo la medicación y volver de nuevo a disfrutar de una vida sin aquel incómodo dolor.

¿Cómo es posible que dos semanas sonriendo a otro ser humano puedan tener un efecto tan potente y tan superior a una de las medicaciones más potentes que hay en el mercado? ¿Cuál es la relación entre una sonrisa y un dolor de estómago?

¿Qué proceso tuvo lugar en aquella extraordinaria mujer que no solo afectó a su nivel de alegría, sino también incluso a la forma de relacionarse con su jefe?

Cuando sentimos que estamos en un ambiente hostil, nuestro cerebro se posiciona en un modo de alarma. Como consecuencia de ello se activa el sistema nervioso simpático. Al activarse el sistema nervioso simpático dificulta tanto la motilidad del estómago como su vaciamiento, por lo cual la comida que ingerimos comienza a fermentar en su interior produciendo una enorme cantidad de gas, que distiende las paredes del estómago, que como todos sabemos es un órgano hueco. Al distenderse las paredes del estómago, de manera automática este aumenta su producción de ácido. La distensión del estómago producida por el gas provoca dolor. Si además hay un aumento de la secreción de ácido clorhídrico, entonces se puede explicar muy bien la problemática que se genera.

Por otra parte, al activarse el sistema nervioso simpático se produce un cambio muy significativo en el riego sanguíneo de todo nuestro cuerpo. Los músculos reciben mucha más sangre porque el organismo se siente en un estado de alarma y podemos tener la necesidad de correr con una velocidad muy superior a la habitual, a fin de poder escapar de la amenaza. Por otro lado, en una situación de alarma no tiene sentido que nos preocupemos de lo que hay para comer o para cenar. Nos imaginamos lo que sería que nos persiguiera un leopardo por la selva africana y que de repente viéramos un zarzal del que brotaran sabrosas moras y dijéramos: «¡Qué ricas, voy a tomarme unas cuantas!». Esta situación sería del todo absurda y, por tanto, no se produciría. La implicación de ello es que cuando estamos en modo de alarma, el tubo digestivo y también los órganos sexuales reciben mucha menos sangre. De ahí la frecuencia de los trastornos digestivos y sexuales cuando se vive de manera continuada con ansiedad.

Cuando aquella resuelta mujer decidió sonreír aunque no le apeteciera, empezó a mandarse a sí misma un mensaje, que no era otro que el de que todo por fin ya estaba bien, ya estaba resuelto. Este mensaje apagó el «piloto de alarma» que estaba encendido en su cerebro.

Nosotros tenemos un solo cuerpo y, por tanto, los mensajes que se originan en una parte del cuerpo afectan al resto. Nadie sonríe en situación de alarma y por eso su sonrisa, por sorprendente que parezca, tuvo el poder al desactivar su sistema de alarma, el sistema nervioso simpático. El estómago volvió a tener un riego sanguíneo normal, su capacidad de contraerse y de vaciarse se recuperó, con lo que dejó de formarse gas y el dolor desapareció. La secreción gástrica al no estar ya distendido el estómago se normalizó.

Las personas tenemos mucho más poder para afectar a nuestra salud, a nuestros niveles de vitalidad y de energía del que muchas veces tan siquiera se nos pasa por la cabeza. Lo que nos dificulta acceder a ese poder y ponerlo en marcha es nuestra tendencia a reaccionar, en lugar de responder ante lo que nos sucede. Cuando simplemente reaccionamos a las circunstancias, nos convertimos en esclavos de ellas. Cuando en lugar de reaccionar, respondemos, nos convertimos en generadores de nuestras propias circunstancias. El escritor Maquiavelo, tan conocido por su obra *El príncipe,* decía: «La fortuna es árbitra de la mitad de nuestras acciones, pero nos deja gobernar la otra mitad a nosotros». Por otra parte, el emperador romano y filósofo Marco Aurelio decía que la sabiduría consistía en aceptar aquello que no puede ser cambiado, en cambiar lo que sí puede ser cambiado y sobre todo en conocer la diferencia. Yo sé que no puedo desplazar con mis propias fuerzas las paredes de mi habitación, lo que sí puedo hacer es cambiar mis muebles y con ello he cambiado la habitación. Hay muchas cosas que todos podemos hacer para estar alertas sin estar en alarma. Son muchas las oportunidades que pueden aparecer cuando tomamos las riendas de nuestra vida. Si queremos ser más felices y gozar de una mejor salud, la búsqueda ha de dirigirse hacia dentro, no hacia fuera.

Dos sugerencias me gustaría hacer, la primera es que si se padece alguna enfermedad, si uno se siente exhausto cuando llega a casa, si siente que le falta alegría y vitalidad, me parece muy inteligente y muy oportuno consultar con un especialista de la salud. Esto es muy necesario y a la vez no suficiente. Hemos de tomar más protagonismo en nuestra recuperación, cuidar nuestra nutrición, hacer ejercicio físico, dormir un mínimo de siete horas al día, adquirir de forma progresiva una actitud más positiva y desarrollar un sentimiento hondo de agradecimiento por todas las cosas valiosas que nos suceden a diario y somos incapaces de apreciar. Es también importante que nos acostumbremos a compartir nuestros sentimientos con alguien en quien tengamos confianza y que nunca nos avergüence pedir ayuda a aquellas personas que nos la pueden dar.

La segunda sugerencia es que desafiemos algunas de nuestras ideas. Es absurdo pensar que la forma en la que se mueven los músculos de nuestra cara, la posición de nuestro cuerpo al movernos y nuestro tono de voz al hablar no tiene ningún impacto sobre nuestro bienestar. Sonreír con más frecuencia, moverse con energía y hablar con entusiasmo tiene un impacto claro y notorio, no solo en nuestra salud, sino también en la salud de aquellos que nos rodean.

22

Por favor, necesito una dosis de risa, doctor

Una persona le estaba comentando a su amigo la experiencia tan horrible que había tenido en un hospital:

—Imagínate cómo tenía que sentirme para irme del quirófano justo antes de que me anestesiaran.

—¿Qué es lo que pasó para que tomaras una decisión así?

—Pues que el anestesista no paraba de decir que aquella era una operación muy sencilla, que estuviera tranquilo, que miles de personas se operaban de lo mismo y nunca había complicaciones, que siempre había una primera vez y que vería cómo el miedo desaparecía, y más cosas por el estilo.

El amigo estaba muy sorprendido y le dijo:

—Chico, no lo entiendo. Yo hubiera agradecido mucho cuando me operaron de la rodilla hace un año que el anestesista me hubiera dicho las mismas palabras tan confortantes que te decía a ti.

—Tú no lo entiendes, no me las decía a mí, se las decía a mi cirujano.

El papel del humor o al menos de la sonrisa pasa con frecuencia desapercibido precisamente cuando más se necesita. Parece que reírse o simplemente sonreír está fuera de lugar en la mayor parte de los ambientes. A medida que crecemos nuestra capacidad de reír se va atrofiando hasta que se convierte nada más que en un recuerdo. Afortunadamente, cada vez vamos recuperando más esta emoción tan necesaria para hacer frente a los desafíos a los que nos enfrentamos los hombres y las mujeres de hoy. El doctor Patch Adams, conocido por la película que lleva su nombre y que fue protagonizada por el actor Robin Williams, es un gran conocedor del papel del humor en la salud. Patch no se parece nada a Robin Williams, entre otras cosas, porque mide más de un metro noventa. Es fuerte y delgado y tiene un pelo que es mitad gris y mitad azul y que termina en una coleta. Lleva un pendiente en una de sus orejas que se lo cambia con frecuencia. Unas veces le cuelga una pequeña cuchara, otras un tenedorcito. Patch, que es como le gusta que lo llamen, se pasa la mayor parte de los días del año viajando a territorios en guerra o a países que han sufrido grandes catástrofes naturales para disfrazarse de payaso y, con sus músicos, llevar un poco de alegría a aquellas personas que lo han perdido todo. Cuando eres consciente de lo que hace este hombre y su equipo, te das más cuenta de que el humor es algo para tomárselo realmente en serio. Cuando una persona se ríe, su dolor físico se reduce y por eso la presencia de gente como Patch es tan necesaria, porque por una parte lleva alegría y por la otra reduce físicamente el dolor de aquellas que están heridas. En los hospitales, los enfermos que se ríen con sus médicos, sus enfermeras, sus auxiliares, los celadores y las personas que limpian sus habitaciones necesitan menos analgesia que las que están rodeadas por un entorno emocionalmente aséptico, aunque pueda ser técnicamente brillante.

Hace años se publicaron dos artículos en el *New England Journal of Medicine,* una de las publicaciones médicas más prestigiosas en el mundo, sobre otro hombre singular que en este caso no era médico. Se llamaba Norman Cousins y le habían diagnosticado una enfermedad articular degenerativa en una de sus formas más limitantes. Norman aceptó el diagnóstico y no permitió que se convirtiera en un veredicto. Como tenía alquilada una habitación enfrente del hospital donde se le administraba parte de su tratamiento, que estaba enfocado fundamentalmente a paliar sus dolores y no a lograr una impensable remisión de su enfermedad, decidió que el humor le podía servir de gran ayuda. Norman Cousins compró un montón de películas de los hermanos Marx, sus actores favoritos, y se pasó muchas horas riéndose con las ocurrencias de Groucho y sus hermanos. Lo curioso es que empezó a mejorar hasta tal punto que se curó por completo. Hoy sabemos que cuando en procesos inflamatorios articulares, como puede ser la artritis reumatoide, nos reímos, mejora el dolor y se reduce la inflamación. Por ello en la actualidad, en Estados Unidos, el humor es parte fundamental en el tratamiento de los afectados por esta enfermedad. En la artritis reumatoide hay una sustancia que se llama interleukina 6, que cuando se eleva en sangre aumenta la inflamación y el dolor. Curiosamente cuando las personas que padecen esta enfermedad se ríen, baja la interleukina 6. Este efecto se le atribuye a una serie de sustancias químicas llamadas neuropéptidos que se segregan cuando uno se ríe y que tienen la capacidad de bajar los niveles de interleukina 6. Además, el humor tiene, si cabe, un efecto no menos sorprendente y que es muy útil si estamos sanos o no. El humor es capaz de reducir e incluso hacer desaparecer el distrés, que, como sabemos, es la forma negativa de estrés y se asocia al bajo rendimiento, escasa lucidez y pérdida de la salud.

Tuve la ocasión de comprobar este efecto cuando trabajaba como cirujano en un hospital de Boston. Boston es una ciudad preciosa, llena de parques y que tiene un río, el río Charles, que la separa de la ciudad de Cambridge, que tiene, incluso a pesar de la cercanía, un Ayuntamiento diferente. Ambas orillas del río están franqueadas por hierba y árboles y mucha gente las usa para pasear, patinar o montar en bicicleta. En primavera es tal la explosión de colores que resulta difícil de olvidar.

Mi experiencia, sin embargo, tuvo lugar en un paisaje menos idílico, ya que era pleno invierno y la temperatura habitual era de veinte grados bajo cero. Todo estaba cubierto de nieve y muy pronto anochecía. Hay muchas personas que ante la falta de luz solar entran en un estado depresivo. Este tipo de depresión se llama estacional y se debe en parte a la falta de producción de serotonina, una hormona fundamental en los estados de ánimo y que se segrega, entre otras causas, por la exposición a la luz solar. Yo no puedo decir que estuviera deprimido, aunque tampoco aquel paisaje me parecía muy estimulante. Lo que más me preocupaba era que aquel día una serie de cirujanos nos íbamos a tener que hacer cargo de los pacientes del llamado equipo II. Aquello no era una buena noticia por varias razones. La primera era que se trataba de cuarenta y dos enfermos con problemas sumamente complejos, ya que muchos de ellos procedían de otros hospitales de Estados Unidos e incluso de otros países del mundo. Muchos, por tanto, habían sido ya operados en otros sitios, habían sufrido algún tipo de complicación y nos los enviaban para una probable reoperación. El asunto se complicaba porque éramos muy pocos los cirujanos que tomábamos el relevo, lo cual suponía que trabajábamos un número de horas absolutamente exagerado. Pronto empezamos a notar los efectos de la tensión y el agotamiento, datos claros de distrés. Aun así, sabíamos lo importante que era hacer nuestro trabajo de una forma excelente. Fue entonces cuando apareció Larry. Larry era un hombre de mediana estatura, de una inteligencia descomunal y con un sentido del humor prodigioso. Yo ya no recuerdo ni lo que decía ni lo que hacía. De lo que sí me acuerdo es de lo que nos reíamos nosotros y los enfermos con él. Entonces todos empezamos a notar algo asombroso. Nos sentíamos menos cansados y más alegres, nuestras decisiones eran más rápidas y certeras, y los vínculos humanos se hicieron más estrechos. Trabajamos como un verdadero equipo y era precioso ver cómo cuando uno terminaba de trabajar a las once de la noche, en lugar de irse a su casa para poner las piernas en alto e intentar dormir, buscaba en qué podía ayudar al resto de sus compañeros para que todo el equipo pudiera descansar. Nuestro paso por el equipo II fue tan memorable que no querían que nos fuéramos. Estoy convencido de que muchas personas en el hospital pensaron que nuestra capacidad quirúrgica o simplemente nuestra capacidad de aguante era superior a lo normal.

Nosotros conocíamos la realidad, que no era otra que el humor de Larry había ayudado a reducir nuestra tensión y en consecuencia había ayudado a desplegar nuestro talento.

Si queremos generar un ambiente de salud a nuestro alrededor, hagamos algo aunque sea sencillo y pequeño para crear un entorno amable y divertido, y si no lo hacemos por mejorar la salud, al menos hagámoslo para mejorar los resultados. Hay demasiado «hierro» en nuestro día a día y este se puede fundir en el calor de una sonrisa.

Cuando estemos tensos, en lugar de ponernos a analizar sesudamente el origen de nuestra tensión, veamos una película de humor y observaremos cómo luego podemos analizar lo que nos pasó de manera inteligente.

23

Una crisis es una oportunidad disfrazada

Un banco internacional estaba muy interesado en atraer como cliente a un hombre sumamente rico cuya existencia acababan de detectar. Con tal fin, mandaron a visitarle a algunos de los mejores comerciales del banco, los cuales iban provistos de unos productos tan atractivos que era casi impensable que el cliente se resistiera al menos a alguno de ellos.

Para sorpresa y espanto de los comerciales, el cliente los trató de una manera tan profundamente descortés que ellos se quedaron completamente desconcertados. Al volver al banco comentaron lo ocurrido. Decidieron pensar que tal vez el momento de la visita por alguna razón que ellos desconocían había sido terriblemente inoportuno. Tal vez, aquel hombre había recibido previamente a su visita una mala noticia, un disgusto, cualquier cosa que le hubiera sacado de sus casillas.

Pasado un tiempo, decidieron llamarlo de nuevo y él cortésmente les concedió la entrevista, pero cuando ilusionados volvieron a verlo, los trató si cabe de una manera más dura y distante que como los había tratado la vez anterior. Los comerciales se marcharon decididos a no volver a visitarlo jamás.

Estaban así las cosas, cuando un joven recién llegado al departamento comercial del banco y durante una simple conversación mientras tomaban un café, oyó hablar de este hombre que al parecer tenía tanto dinero y tan poca educación. Mucha gente en su misma situación hubiera decidido dar la razón a los que criticaban a aquella persona tan huraña e incomprensible, sobre todo si recién llegado a una oficina, se le pusiera en bandeja una oportunidad tan estupenda para caer bien a los demás. Suelen gustarnos más las personas que nos dicen lo que queremos oír y no nos suelen gustar tanto, aunque luego no las olvidemos, aquellas que nos dicen no lo que queremos oír, sino lo que necesitamos escuchar.

Aquel joven, ante la perplejidad de los demás pidió permiso para visitar a aquel cliente. Lo llamaron por teléfono y aquel multimillonario volvió a conceder la ansiada entrevista. Sin embargo, cuando el joven llegó a su despacho, el hombre lo trató con la misma frialdad y dureza con la que había tratado a los otros comerciales del banco. A pesar de la dificultad de las circunstancias en las que se encontraba, el joven comercial, si bien tenía poca experiencia, fue capaz de demostrar una gran dosis de sabiduría. Él ya sabía que cuando uno es así en su forma de comportarse, no es así por naturaleza, sino porque tiene uno o varios «aguijones» clavados en el cuerpo y que no paran de soltar veneno.

—Señor, ¿me permite usted que le haga una pregunta? —dijo el joven comercial.

El millonario quedó desconcertado porque hasta ahora todos los que le habían visitado le habían hablado de sus productos. Aquel joven era el primero que le quería preguntar algo, que tenía interés en conocer, que quería saber.

—Hágame la pregunta —le contestó.

—¿Qué tal se ha portado con usted mi banco en el pasado? —preguntó el joven.

Esta cuestión debió de tocar algo muy hondo en el interior de aquel millonario, tanto que aquel hombre tan hermético para todo lo que no fuera una expresión desagradable empezó a sincerarse.

—Mire, yo hace mucho, mucho tiempo era un agricultor. Me levantaba muy temprano para arar el campo y me acostaba muy tarde. A base de trabajar y trabajar conseguí sumar unos ahorros y con ellos compré otro pedazo de tierra. En aquel momento se me hizo necesario disponer de un tractor y fui al banco que usted representa para pedir un crédito. No solo me lo negaron, sino que además me explicaron que no podían conceder un crédito a una persona tan insolvente como yo. Me sentí profundamente humillado. Ahora pasado el tiempo he ganado mucho dinero y su banco, qué sorprendente, ahora me considera una persona interesante.

Aquel joven podía haberse puesto a defender al banco, a decir que agua pasada no mueve molino, que intentarían reparar el daño causado, etcétera. Sin embargo, tuvo otro gesto que no surgió sino de esa sabiduría que no se localiza en la cabeza, sino en el corazón.

—Mire, lo entiendo perfectamente, creo que aunque yo no puedo hacer ya nada para reparar el sufrimiento causado, sí que puedo hacer otra cosa y es decirle que yo en sus circunstancias muy probablemente habría hecho lo mismo que usted y sobre todo quiero decirle en mi nombre y en el del banco que lo siento de verdad.

El joven comercial se levantó para despedirse y marcharse cuando en ese momento el millonario que era tan humano como cualquier otro hombre, le dijo que esperara porque quería seguir hablando con él.

Sé cómo se desarrolló la historia ya que conocí a uno de sus protagonistas.

Aquel hombre millonario se hizo cliente del banco. La única condición que puso fue que su interlocutor con el banco fuera el joven comercial. Se creó una relación de confianza que a todos benefició. El banco multiplicó el dinero de aquella persona y se benefició lógicamente por ello. El hombre millonario curó parte de aquella herida invisible, de esa sensación de humillación que cuando no es superada afecta muy negativamente a la salud y al bienestar. El joven ganó autoridad ante los otros miembros del departamento comercial y además se hizo un nuevo amigo.

Un líder hace que las cosas sucedan y aquel joven hizo un verdadero ejercicio de liderazgo. En lugar de formar parte del problema, la crítica al millonario, decidió ser parte de la solución al mostrar su disposición para visitarlo. En lugar de reaccionar fue pro activo y, por eso, en vez de posicionarse cuando se le atacaba, decidió preguntar para explorar y comprender. Además, tuvo la humildad que es necesaria para escuchar lo que no es agradable de oír. Y por si fuera poco, dijo algo cuyo alcance es difícil de explicar: dijo «lo siento».

Pienso que hay tres sencillas frases que abren muchas puertas: la primera es «por favor», la segunda, «gracias» y la tercera, «lo siento».

Creo que los conocimientos son muy importantes y que, si cabe, la experiencia aún lo es más. Sin embargo, para hacer frente a algunos de los desafíos más complejos que la vida nos presenta es necesario algo más que los conocimientos y la experiencia, es necesaria la filosofía, que no es otra cosa que el amor a la sabiduría. Sócrates, uno de los más grandes filósofos que han existido, decía que cuando los dioses querían destruir a un ser humano, primero lo convertían en arrogante y así él mismo se destruía. La filosofía, el amor a la sabiduría nos invita a la humildad. El joven comercial tuvo la humildad necesaria para que alguien al sentirse escuchado de verdad abriera las puertas de su corazón de par en par.

Séneca, otro de los grandes filósofos, decía que no nos da miedo hacer las cosas porque sean difíciles, sino que las cosas son difíciles porque nos da miedo hacerlas. El joven comercial fue valiente y audaz. Se arriesgó a caer mal entre algunos de sus compañeros que tal vez lo vieron como un iluso, un ignorante y un insensato y lo hizo para servir bien a su banco.

El gran psicoanalista suizo Carl Jung decía que la mayor parte de los problemas mentales no se solucionaban con psiquiatría, sino con filosofía. El resentimiento, la frustración alimentan de forma continua un torrente de pensamientos negativos que con el tiempo pueden llevarnos a una depresión. Solemos pensar que una persona tiene pensamientos negativos porque está deprimida y no que está deprimida porque no para de tener pensamientos negativos. La ansiedad permanente es la gran enfermedad de nuestro tiempo y es causada por el continuo bombardeo de pensamientos negativos y limitantes que penetran sin permiso en nuestra conciencia.

El joven comercial fue capaz con su conversación de ayudar a que esta conversación negativa tan poco saludable que el millonario mantenía consigo mismo comenzara a desvanecerse. Su implicación en la salud es clara si tenemos en cuenta y recordamos que la elevación mantenida de algunas de las sustancias químicas que se liberan durante la ansiedad favorece la muerte neuronal. Es cierto que las neuronas son tan abundantes que para que nos hagamos una idea de su número, habría tantas como árboles hay en toda la selva del río Amazonas. También es cierto que el número de conexiones que establecen las neuronas entre sí y que es de cien mil billones, sería equivalente al número de hojas que tienen los árboles de esa misma selva amazónica. Sin embargo, imaginemos lo triste que es que se declaren incendios que maten muchos de esos árboles. Sabemos que la liberación sostenida de cortisol y los aumentos de los niveles de glutamato dentro de las neuronas las llegan a destruir, al menos a las neuronas de los hipocampos, que, como sabemos, son centros vinculados a la alegría, a la capacidad de aprender y de recordar. Por eso muchos expertos en salud mental piensan que estas reacciones mantenidas y continuas de ira, resentimiento y ansiedad pueden llevarnos a un estado depresivo, donde lo que más destaca por su ausencia es la alegría.

Albert Einstein decía que ningún problema importante puede ser resuelto en el mismo nivel de pensamiento en el que fue creado. En otras palabras. Si el distanciamiento con una persona lo explicamos a base de una serie de juicios y de suposiciones, mientras nos mantengamos en ese marco de referencia, no podremos alterar la situación. Es necesario cambiar el marco de referencia y para ello hay que ser capaz de apartarse de la idea de que lo que veo es lo único que existe y empezar a buscar información, a preguntar y abrirnos a escuchar.

Muchas veces cuando la actitud de una persona no nos agrada, damos por hecho que lo único que nos muestra es su dureza, su rigidez y su intransigencia. Con este tipo de valoraciones, por razonables que nos parezcan, los únicos sentimientos que se suelen experimentar son la ira, la frustración y el resentimiento. Nuestro cuerpo se tensa, la inspiración se acorta, mientras que la espiración se alarga, casi como si mostrara una forma de contracción corporal. Nuestra atención está tan enfocada en dar una y otra vuelta a lo mismo que seremos incapaces de percibir nada más, por interesante o bello que pueda ser.

Si en ese momento nos paramos y nos hacemos una curiosa pregunta: «¿Qué es lo que mi actitud hacia esa persona dice de mí?», probablemente, notaremos cómo poco a poco se va abriendo un espacio en nuestra mente que nos permite sondear y descubrir cosas nuevas e interesantes. Es posible que seamos más conscientes de lo fácilmente que se puede poner una etiqueta negativa a una persona y cómo esto puede llegar a dificultar o impedir por completo el encuentro y la colaboración. Cuántos talentos esa persona sin duda puede tener que nosotros, viéndola de una forma tan negativa, no estamos dispuestos a explorar. Por todo ello, creo que cuanto más intentemos cambiar a los demás para que piensen y vean las cosas como las vemos nosotros, menos éxito alcanzaremos, ya que aquello que se resiste persiste.

Cuando sentimos que alguien nos quiere cambiar como si fuéramos parte de la maquinaria de un reloj defectuoso, nos rebelamos, nos irritamos y nos oponemos de una manera abierta y sonora, o tal vez silenciosa. Puede ser que en esos momentos digamos sí con la cabeza, pero lo que está claro es que nuestro corazón dice no. Las personas solo cambiamos de verdad cuando nos damos cuenta de las consecuencias de no hacerlo. El cambio auténtico se produce, no por imposición de otros, sino por reflexión propia, y a veces esta reflexión lleva un tiempo. Invitar a la reconsideración de algo es más efectivo que pretender convencer sobre la necesidad de un cambio.

Cualquier enfrentamiento entre personas no es un conflicto entre sus naturalezas, sino entre sus formas de ver las cosas, sus patrones de referencia, sus paradigmas. Para entender las opiniones de una persona es importante conocer cómo se formó esa forma de ver las cosas. Solo así puede uno valorar cosas que a priori parecen insignificantes, pero que para la otra persona no lo son.

Para generar salud no es imprescindible ser médico ni haber pasado por la universidad. Si somos capaces de dedicar más tiempo y más esfuerzo a comunicarnos de verdad, no solo a decir lo que sabemos, sino también a expresar lo que sentimos, no a etiquetar con tanta rapidez y sí a preguntar y a escuchar con más interés, de manera directa vamos a empezar a notar efectos en nuestra salud, en nuestra energía y desde luego, en nuestra vitalidad.

Epílogo

Querido lector, hemos recorrido juntos un camino con el objetivo de entender mejor la importancia de las relaciones humanas y su impacto en la salud y en el bienestar. Me gustaría decir un hasta luego, contando una pequeña fábula que en algún lugar escuché y que creo que resume muy bien lo que he intentado transmitir en este libro.

En una ocasión, el Señor de las Tinieblas convocó en su tenebroso palacio a los más encarnizados enemigos del hombre y se dirigió a ellos de la siguiente manera:

—Llevo miles de años intentando destruir al hombre, acabar con su existencia, para ello he creado todo tipo de conflictos y guerras, pero cuando parecía que al final lograba lo que tanto anhelo, aparecía

Él y evitaba que el ser humano desapareciera de este planeta. A veces aparecía disfrazado de sonrisa, otras de una mano amiga e incluso a veces de una simple palabra de consuelo y, sin embargo, a mí nunca me engañó, porque siempre supe que tras los mil disfraces se ocultaba mi más temible enemigo, el Amor. Entregaré la mitad de mi reino a aquel de vosotros que me traiga el cadáver del Amor entre sus brazos.

Murmullos y aullidos se escucharon en aquel salón oscuro. De repente, uno de aquellos siniestros personajes se abrió paso a golpes entre la multitud, se postró ante el Señor de las Tinieblas y gritó:

—Gran señor, yo soy quien te traerá el cadáver del Amor entre mis brazos, yo soy su enemigo natural, porque yo soy el Odio.

Al oír aquellas palabras, el Señor de las Tinieblas respondió entusiasmado:

—Ve, amigo mío, y haz mi sueño realidad y gozarás de la mitad de todo mi reino.

En una esquina de aquel salón, oculto tras una columna, un personaje vestido de negro y con un gran sombrero que le tapaba el rostro esbozó una extraña sonrisa.

El Odio partió ante la envidia de muchos. Los años pasaron y el Odio regresó cabizbajo y ante el

Señor de las Tinieblas manifestó su incomprensible derrota:

—No lo entiendo, gran señor, he creado desavenencias, malentendidos y todo tipo de agravios y cuando parecía que mi triunfo estaba cercano, aparecía Él, y al final todo lo suavizaba, todo lo arreglaba.

Tras el Odio fueron la Pereza, la Rutina, la Desesperanza y muchos de los peores enemigos del hombre y, sin embargo, todos ellos al final fracasaron. El Señor de las Tinieblas al ver que ninguno de aquellos seres era capaz de lograr lo que él tanto anhelaba, cayó en una depresión profunda, hasta que súbitamente se abrió paso entre la multitud aquel silencioso personaje que vestía de negro y que tenía un sombrero que le tapaba el rostro. Con gesto altivo se dirigió al Señor de las Tinieblas:

—Yo soy quien te traerá el cadáver del Amor entre mis brazos.

El Señor de las Tinieblas lo miró con desprecio y se dirigió a él con desagrado:

—Todos antes que tú han fracasado y tú, a quien ni siquiera conozco, pretendes triunfar. No me importunes, todo está perdido.

Aquel extraño personaje partió, pasaron años y de repente se presentó ante el Señor de las Tinieblas con el cadáver del Amor entre sus brazos. El Señor de las Tinieblas pegó un salto y se incorporó incrédulo ante lo que contemplaban sus ojos:

—Lo has logrado, has conseguido lo imposible, tuya es la mitad de mi reino, pero, amigo mío, por favor, antes de partir dime quién eres.

Aquel personaje se quitó solemnemente su gran sombrero, y con un susurro que, sin embargo, hizo temblar a todos los presentes, dijo:

—Yo soy el Miedo.

Cuando el miedo nos domina, nuestro corazón se desboca, nuestro cuerpo se tensa y nuestro cerebro no funciona bien. En ese momento sentimos que nuestra vida peligra y atacamos, nos aislamos o huimos. Ninguna de estas reacciones permite que tratemos a los demás como si los quisiéramos, porque nadie quiere a alguien a quien teme y nadie teme a alguien a quien de verdad quiere. Cuando uno se aleja de los demás, también se aleja de sí mismo y por eso uno en lugar de aprender a quererse, aprende a temerse.

Comprender la naturaleza de nuestro miedo nos abre la puerta a poder experimentar la naturaleza del verdadero amor, aquel que, por no ser razonable, alcanza lo que no parece posible. Está en cada uno de nosotros el decidir que quien va a triunfar en nuestra vida es el amor y no el miedo.

Agradecimientos

A mi mujer, Isabela, y a mis hijos, Mario, Joaquín y Borja, por ayudarme a mejorar enseñándome cosas nuevas cada día.

A mis padres, José María y María Celia, a Joaquín Lluch Rovira y a todos esos grandes amigos que ya no están entre nosotros, y muy especialmente a Pablo Antoñanzas, Juan Picón, Antonio Fernández, Teresa Palazuelo, Norman Kurtis y Jaime Aguirre. Gracias por ese recuerdo inolvidable que habéis dejado en lo más profundo de mi corazón.

A mis cinco hermanos, José María, Manolo, Juan Ignacio, Fernando y Alejandro, por ser para mí una referencia en tantas cosas.

A mis familiares y amigos, por darme ese tesoro que se llama afecto y amistad.

Quiero manifestar mi especial gratitud y afecto a Paris de L'etraz, Jaime Antoñanzas, Javier Antoñanzas, Jorge Neri, Jesús Valderrábano, Ignacio Gómez Sancha, Leopoldo Boado, Genaro Peña, Fernando Fernández, Pilar Casaseca, Mercedes Redondo, Alejandro Beltrán, Francisco Reinoso, Salvador Torres, María Eugenia Collado, Jorge Montes, Ana Rosa Semprún y Jordi Nadal. Gracias por ser para mí una fuente de inspiración.

Al Spain Startup and South Summit y muy especialmente a su presidenta, María Benjumea, por su labor constante y admirable en favor del emprendimiento.

A Juan Abarca Cidón, presidente del Grupo Hospital de Madrid, por su esfuerzo constante en favor de una sanidad pública y privada de calidad.

A la IE University y muy especialmente a Diego del Alcázar y Silvela, Diego del Alcázar Benjumea, Juanjo Güemes, Santiago Íñiguez, Manuel Muñiz, Salvador Carmona, Miguel Larrañaga y Miguel Costa. Gracias por haber hecho del IE una universidad que es referencia a nivel mundial.

A todo el equipo del Center for Health & Well-Being del IE University.

A la Fundación Rafael del Pino y muy especialmente a su presidenta, María del Pino; a su director, Vicente Montes, y a Carlota Taboada. Mi reconocimiento y admiración por la labor tan extraordinaria e incansable que esta fundación lleva a cabo en favor de la cultura.

A todo el equipo de WOBI y especialmente a su presidente, Alberto Saiz.

A YPO y muy especialmente a Ángel y Germán García Cordero.

Al GNH Center de Bután y en especial a mi querido amigo Ian Triay, cónsul general honorario del Reino de Bután.

Al IDDI de la Universidad Francisco de Vitoria.

A todo el extraordinario equipo de la Fundación Juegaterapia y muy especialmente a su presidenta, Mónica Esteban, por la maravillosa labor que esta fundación realiza en favor de los niños enfermos.

A Manos Unidas por ayudar a los más desfavorecidos.

Al Harvard Club of Spain.

A la fundación CEDE.

A los profesionales de la medicina, la psicología y los abordajes terapéuticos complementarios, que han hecho de su vida un compromiso para mejorar la salud global de otros seres humanos.

A los profesionales de la gastronomía española, especialmente a Mario, Diego y Rafael Sandoval, así como a Pepa Muñoz y Diego Olmedilla.

A los profesionales de la docencia que buscan dar cada día lo mejor de sí, a pesar de que muchas veces ellos no son valorados como sin duda merecen.

A todas aquellas personas que desde cualquier ámbito social aúnan esfuerzos para que nuestra sociedad comprenda que el único camino hacia el verdadero progreso pasa por la comprensión, el respeto y la ayuda mutua.